宝塚歌劇団の経営学

森下信雄

東洋経済新報社

はじめに

私の現在の肩書は大学の専任教員である。専門分野はブランドマネジメントだ。

我が国の大学教育でブランドマネジメントと言えば、ファッション分野が中心だが、私は宝塚歌劇をはじめとする演劇事業の実務経験に立脚するエンターテイメント分野での研究ということで異彩を放っている（はず？）。

本書を執筆しているまさに今、世界中が新型コロナウイルスの猛威に翻弄されている。なかなか収束の出口が見えない「五里霧中」ではあるが、ただ一つ確実なことがある。それはウィズコロナの時代には、流行前と比べて我々の住む世界が一変するということだ。

ビジネスの世界でも「リモートワーク化」の進展はともかく、消費者の消費行動が大きく変わるのであれば、それに対応して企業の経営戦略も変えざるを得ないのは自明の理であろう。

したがって、企業活動を研究する学問としての経営学にも、ウィズコロナに対応する変革が求められるという大きなターニングポイントに差し掛かりつつあるのもまた事実だ。

そのような時期に『宝塚歌劇団の経営学』なる著作を世に問うこととなったが、その論点は、宝塚歌劇が１００年を超えて事業継続できている根拠を様々な観点から示すことにある。

「垂直統合システム」「価値の変遷」（所有価値、使用価値→経験価値）「顧客との価値共創」「プロセス消費」「世界観」「コミュニティビジネス」「サイクル化」「セレンディピティ」「新結合」等々。

これらのキーワードに基づく経営戦略の構築と実施は、ウィズコロナの時代が本格的に到来しても不変の真理であり、かつ多くの企業の経営戦略にも敷衍できるものであると確信しているのだ。

そのヒントが宝塚歌劇という「知る人ぞ知る」「ニッチな」エンターテイメント事業に隠されていることを解き明かしていく。それが本書の目的である。

２０２０年11月

森下信雄

宝塚歌劇団の経営学

もくじ

第1章 宝塚歌劇団のマーケティング
「世界観」の共創こそが生き残る鍵

第2章 宝塚歌劇団のコミュニティ
——熱狂的ファンを生み出し続けるサイクル

第3章

宝塚歌劇団の人材育成

——ブランドマネジメントこそが人を育てる

第4章

宝塚歌劇団のチャネル戦略

——なぜ地方興行でも超満員なのか

第5章

宝塚歌劇団の組織設計

――小林一三の哲学が受け継がれる同族経営という強み

序章

なぜ宝塚だけが生き残るのか？

——エンターテイメントビジネスの特徴

新型コロナと エンターテイメントビジネス

新型コロナウイルスが世界中で猛威を振るう中、エンターテイメントビジネスもご多分に漏れず、大きな影響を受けている。

エンターテイメントビジネスの収益構造とは、チケット収入を中心とするライブに関する「一次商品」、そのライブを収録したＤＶＤ、ＣＤ等の「二次商品」、アーティストの魅力をカタチにするグッズ類の「三次商品」が重層的に展開されているのが特徴だ。

エンターテイメント作品を構成するコストに目を向けると、観客の「眼、耳」の進化に対応して、一次商品にかかるコストが多額になる傾向が強い。

一例を挙げると、日本を代表する劇団に成長した「劇団☆新感線」の舞台は、キャスティングの華やかさに比例して、舞台効果を中心に派手さを増し、制作費が上昇していることが容易に理解できる。

一方で、チケット代については１万５０００円程度を上限に、ほぼ天井を打ったとの見方が有力である。日本経済がデフレ構造に覆われている現状では、これ以上のチケット価格の上昇を見込むことは非現実的なのではないだろうか。

つまり、構造的に一次商品の収益性は低落もしくは頭打ちの傾向にあり、それを補うべく二次商品、三次商品の収益（利益）に占める割合が相対的に高くなっていたのである。

唯一無二性を商品化する「宝塚歌劇経営」

そんな中、若者を中心に再現性のないライブ（一次商品）を見直す動きが強くなった。その根拠としては「ＳＮＳネイティブ」とも言える彼らの価値観の変化に起因するものであろう。

所有価値よりも経験価値を、言い換えればストックよりもフローを重視する、つまりは生活に必要なモノがひととおり揃った豊かな時代背景を反映した価値観の変化である。

ライブに関しては、同じ作品、同じ演者であっても、観客との双方向なやり取りを中心に毎回違う「経験」をすることができ、それをＳＮＳで共有することが特に若者世代にとっての大きな価値であると認識されるようになったのである。

このようないわばライブの唯一無二性をすでに商品化しているのが、これから紹介する宝塚歌劇経営のポイントだ。また、すっかり下火になってしまった感があるが、一世を風靡した秋元康氏による「ＡＫＢ商法」も同じ構造であったと言える。

以上のような価値観の変化に伴い、エンターテイメントビジネスではライブの占める比重が高まってきていたのである。コロナ禍の襲来までは。

ご承知の通り、「３密」回避、「ニューノーマル」な生き方が推奨されることにより、ライブは等しく大きな影響を受けている。そして厄介なのは、この傾向が変わりそうにない、つまり、これからのエンターテイメントビジネスの「ノーマル」にならざるを得ない点である。

ライブハウスの窮状が大きく報道されているが、事はそれにとどまらず、宝塚歌劇をはじめとする大規模な興行ビジネスも同様の巨大なリスクを抱え込んだのである。

しかしながら、手をこまねいてばかりはいられない。来る「ウィズコロナ」に備えた経営戦略の練り直しはどの業界でも避けることはできない。これまでの思考の延長線上では解決策は得られないのは明白であり、人間生活そのものを一変させるコロナ危機への対応策とはいかなるものなのか？

そこで参照すべきは、様々な資本主義社会の危機をくぐり抜け、長期にわたって継続している事業のケースに学ぶことであろう。

１９１４年の創設以来、１００年を超えて存続し、今も発展を続ける「宝塚歌劇」の経営学に学ぶところは多いと考える。ウィズコロナの経営戦略に必要な考え方は徐々に解説を加えていくが、その底流に一貫して流れる思想は「コミュニティビジネス」と「文脈価値」の2点に凝縮されていく。このことを記憶にとどめながら読んでいただきたい。

本論に入る前に、宝塚歌劇が１００年を超えて、浮き沈みの激しいエンターテイメントビジネスで生き残ってきた理由を簡単に紹介する。

エンターテイメントビジネスの三つの共通項

人間の受け取る情報はまず視覚からであることは間違いない。

しかしながら、見た目の華やかさとは裏腹に、成功しているエンターテイメントビジネスには確固とした共通項が存在する。その三つのポイントを簡単に紹介する（詳細は、拙著『元・宝塚総支配人が語る「タカラヅカ」の経営戦略』を参照されたい）。

1 「作品自主制作＋主催」

まずは「作品自主制作＋主催」という概念である。

ひと言で言えば「リスクを負えるビジネスを創造し、実施できる力」があるか否かである。演劇や音楽をはじめとする興行で、他社が創造したものをただ単に購入し、実施するだけでは、長期的に見ればビジネスとして大成しない。

なぜならば、他社が創造したものを購入して実施するだけだと、ライバルとのコスト競争に陥ってしまうからだ。エンターテイメントビジネスといえども通常のビジネスと何ら変わりはない。ビジネスにおけるリスクとは、「創造」と表裏一体であるはずだ。常に顧客に対して新しい価値を創造して、自己の力で顧客に届けることが重要だ。

エンターテイメントビジネスで言えば、作品企画、キャスティング、スタッフ集め、会場選定、マーケティング全般のヒト・モノ・カネを自己で準備して執行する。それが「創造」につながり、リスクはあるものの、顧客に受け入れられれば、大きな利益を手にすることができるのだ。

宝塚歌劇経営では、全国ツアー等の一部興行を除いて、本拠地である宝塚大劇場での公演をはじめ、ほぼすべての興行を阪急電鉄が主催し、作品制作はすべて宝塚歌劇団が行っている。これが高い「利益率」を確保する所以であり、事業継続の根拠となる。

コロナウイルスの蔓延防止の観点から、あらゆる経済活動が停止している現在（２０２０年５月）、「作品自主制作＋主催」のノウハウを持つ企業はウィズコロナに向けて策を検討し、備えることが可能だが、その力のない企業は手をこまねくばかりであり、この差は大きい。

すなわち、今までとは社会の様相が一変するであろうウィズコロナに向けて、新たな「価値」を創造できる企業と、それが不可能な受け身の企業との格差は一層広がるのである。

ウィズコロナというメタな「文脈」が表れる中で、業界、企業としていかなるミクロな「文脈価値」を創造していけるのかが大きな岐路になることは間違いない。これはエンターテイメントビジネスに限らず、いかなる業界、企業にとっても避けては通れない大きな課題だ。宝塚歌劇ビジネスは、そのヒントを提供できるのである。

2「著作権」

次の観点は「著作権」である。

著作権に関しては、ＪＡＳＲＡＣの音楽著作権をめぐる訴訟問題でご認識の方も多いであろう。騒がれる分、エンターテイメントビジネスに与える影響が大きいことの証拠である。作品がヒットすればするほど、作曲や演出といった作品自体の構成要素を生み出した著作権者が潤うことになる。

エンターテイメントビジネスでは、新しいソフトの開発と過去の作品のリバイバル（再演・続編）のバランス（これは後述する重要な戦略「目新しさ」と「なじみ深さ」のバランスに通じる）をいかに取っていくかが重要なポイントだ。

ヒット作品の再演・続編制作がなされれば、その著作権者には著作権収入がもたらされることになるため、その取り扱いは興行主催者にとって大きな関心事にならざるを得ない。

この一見コントロールしがたい作品の著作権について、宝塚歌劇ビジネスの取る戦略はなんだろうか。

宝塚歌劇経営では、台本作家、美術及び衣装デザイナー等の作品制作スタッフの多くを歌劇団の「団員化」し、彼らの立場を安定化する見返りに、彼らからその権利自体を「買い取る」ことで解決している。

3 「ロングラン」

3点目は「ロングラン」である。ロングランとは、同一の演目をできる限り長期間にわたって上演することで、事業収益性を高める方策を言う。

演劇をはじめとするエンターテイメントビジネスの収支構造に特徴的なのは、舞台装置（大道具、小道具)、舞台衣装、照明・音響といった固定費の占める割合が高いことが挙げられる。したがって、興行を重ね、いったん売上が損益分岐点を超えると、利益が積み上がることとなる。

そのため、興行は総じてロングラン志向となる。ブロードウェイや日本の「劇団四季」が度々ロングランを行っているのもこのためだ。

ところが、宝塚歌劇はこの興行界における定石と言えるロングランシステムを採用していない。採用しなくても、十分に利益を上げているのだ。

なぜ、採用していなくても利益が上げられるのか、この点は、宝塚歌劇経営の根幹をなすものであるため、第1章で改めて紹介する。

赤字部門から阪急グループ事業「第3の柱」へ

今でこそ宝塚歌劇事業は、先述した三つのポイントを押さえて、阪急グループ事業の中でも高い収益性を誇る。鉄道を中心とする都市交通事業及び不動産事業と並んで、「第3の柱」となってい

宝塚大劇場と阪急電鉄
写真：© KOICHI UENO/a.collectionRF/amanaimages

ると言っても過言ではない。

しかし、100年を超える歴史を鳥瞰すると、赤字であった時期の方が長い。

赤字であっても存続した根拠は、事業の位置づけが、阪急電鉄の本業たる鉄道事業への「旅客誘致」であったことに加えて、阪急電鉄の創業者である小林一三翁が創出した世界で唯一無二の存在であったからだ。

その期間中に磨き上げられたビジネスモデルが「創って・作って・売る」＝垂直統合システムである。

具体的には、「創って」＝作品の企画制作（宝塚歌劇団）→「作って」＝舞台衣装・道具等の製作（宝塚舞台）→「売る」＝販売促進、劇場経営（阪急電鉄）という一気通貫システムが阪急グループ内で完結しているのである。

それに加えて、信頼関係に基づく顧客との「価値共創」の顕在化が相乗効果を発揮し、それがトップスターの代替わりというビジネスの定期的なブラッシュアップによって利益率の改善につながることにより、阪急グループ事業の「第3の柱」と言われるまでに成長したのである。

究極の差別化を生むものとは？

宝塚歌劇の最大のウリは「女性が男性を演じる」つまり「男役」である。そして、男役とはズバリ「虚構」なのである。その虚構性が宝塚歌劇ビジネスの最大の成功要因であり、「世界観」を構築する概念である。

「虚構」とは、字義通りに解釈すると「嘘、偽り」となるが、宝塚歌劇のビジネスモデルを念頭に置くとそれは「この世に本来存在しないもの」となる。女性が男性を演じるのはまさにこの意味では「虚構」なのである。しかしながら、この「虚構」は大きな可能性を秘めている。

つまり、本来存在しない事象であるから正解、定義が存在しない（俗な言い方をすると「なんでもあり」）のである。

したがって、宝塚歌劇の顧客は「男役」の存在から一人一人異なった「価値」を受け取ることとなるため、「価値共創」のパターンは無限大なのである。そしてこの「虚構」は究極の差別化を生み出していると言える。

差別化を生む「価値共創」については後ほど詳しく説明したい。

劇画、漫画のタカラヅカ化

宝塚歌劇の作品制作上の大きな特徴は、新作&オリジナル主義である。

しかしながら、限られた制作スタッフで、1年間に上演されるすべての作品を新作とすることは収支管理上も好ましくないため、過去のヒット作品のリバイバル（再演・続編）を年間数本取り入れている。

もう一方の特徴であるオリジナル志向については、「男役」という「虚構」の持つ特色（「なんでもあり」）を最大限に活かす術を宝塚歌劇は心得て、実行に移している。それは劇画、漫画のタカラヅカ化である。

皆さんよくご存じの漫画『ベルサイユのばら』（池田理代子著）のタカラヅカ化の成功がそのスタートとなる。１９７４年が初演のこの作品は、すでに上演回数が２００６年には通算１５００回を超え、通算観客動員数は２０１４年に５００万人を超える宝塚歌劇史上最大のヒット作品となっている。

「ベルばら」のほかにも、近年のヒット作としては「ルパン三世」「るろうに剣心」等が挙げられ、そのいずれもが主たる登場人物を「男役」という「虚構」の中で、宝塚歌劇の「世界観」へと違和感なく融合させることに成功している。

つまり、宝塚歌劇の「世界観」とは、「男役」という「虚構」の存在により、いかなる事象もその中に取り込む「ブラックホール」だと表現できる。

陰で支える「超リアル」なビジネスモデル

宝塚歌劇の「世界観」とは、まさに唯一無二の「夢」を顧客に届けるものであるが、その裏には、実は「超リアル」なビジネスモデルの存在がある。

その一つは先ほど説明した「創って作って売る」垂直統合システムの存在だ。

これは、宝塚歌劇創業から程なくして成立していたのであるが、それを補完・強化する21世紀型のビジネスモデル「D2C」が存在するのだ。

「D2C」(Direct to Consumer) とは、メーカーが自社製造の商品を、仲買や小売りを経ることなく、ネットを活用して顧客に「直接」販売するビジネスモデルだ。

「垂直統合システム」と「D2C」の両者が一体化することにより、宝塚歌劇のビジネスモデルは、より完成度を上げたのである。

しかし、サービスを提供する宝塚歌劇のビジネスモデルがなぜ「D2C」なのか、については第4章で詳しく説明する。

女子だけの空間を女子が応援する

「男子禁制」と明言はしないが、宝塚歌劇の「世界観」は男性にとっていささかハードルが高い。女性が男性を演じる「男役」が宝塚歌劇の主力商品である。

そのため、男性にとって宝塚歌劇とは一種の性的倒錯の対象となり、参入障壁は極めて高いのである。

無論、宝塚歌劇には男役だけでなく、女性が女性を演じる（こちらは極めて当たり前なのだが）「娘役」の存在もあり、これなら男性ファンの居場所を提供できそうだが、いかんせん娘役の比重は極めて低いと言わざるを得ないのがタカラヅカの現実だ。

宝塚歌劇は「女子だけの空間を女子が応援する」という特殊な構造を有しているが、これは価値（宝塚歌劇の「世界観」＝男役という「虚構」）の生産者側である宝塚歌劇団（阪急電鉄）が意図したものではない。

それは価値の受容者である顧客が意図した結果、すなわち両者の「価値共創」の結果なのである。

以上が宝塚歌劇の特徴＝生き残った理由の概観である。続く第1章から、宝塚歌劇の経営学を細部にわたって検証していきたい。

ポイント❶

エンターテイメントビジネスの成否を分ける共通項とは「**作品自主制作＋主催**」「**著作権のコントロール**」「**ロングラン**」の3点である

ポイント❷

宝塚歌劇の醸し出す「世界観」＝差別化要因とは、「男役」という「**虚構**」＝「**なんでもあり**」の存在である

ポイント❸

その「虚構」に裏打ちされた「世界観」を支えているのは、**超リアルなビジネスモデル＝垂直統合システムの存在**である

第1章

宝塚歌劇団のマーケティング

――「世界観」の共創こそが生き残る鍵

どうしてファンが無限に生まれるのか？

読者の方々が宝塚歌劇に抱く一般的なイメージとはなんだろうか？

宝塚歌劇と言えば、「虚構」の「男役」の存在感ゆえ、一見さんにはなかなかハードルが高く、また、チケットが簡単には手に入らないため容易には観に行くことが難しい。

にもかかわらず、熱狂的なファンが絶えず存在するから不思議である。

第1章では、宝塚歌劇のマーケティング戦略について解説する。

戦略の要は、この忠誠度の高いファンが代わる代わる生み出される「自律的なサイクル」を永続させるところにある。そうすれば、様々な販売促進に関連するコストを大きく削減することを通じた利益確保が容易となり、経営が安定するのである。

マーケティング戦略の変化

企業活動において一般的に使われる「マーケティング」という言葉だが、その意味するところは一体なんだろうか?

教科書的な定義としては、「すでにできあがった商品・サービスをいかに売るか」という販売、マーケットの視点に重心を置くことになるだろう。

しかしながら、資本主義の成熟により、生活が豊かになると同時に「品質」や「価格」という従来は大きな価値を持っていた要素では差別化が困難となってきている。つまり、販売をメインにしたマーケティング戦略は行き詰まっていると言える。

したがって、現下のマーケティング戦略には、「すでにできあがった商品・サービスをいかに売るか」だけではなく、顧客が欲しいと思う、もしくは顧客の抱える課題を解決する商品・サービスを生み出すことにより「市場を創造」する機能が付加されねばならないのである。

企業活動で言えば「川下」だけでなく、「川上」も視野に入れた知見が求められるのである。

これは、企業活動を取り巻く「情報」をめぐる環境変化を見れば、さらに自明のこととなろう。

企業の重要な経営資源「ヒト・モノ・カネ・情報」の一角、「情報」にまつわる主導権争いである。

インターネット・SNSが世に現れる以前の世界では、顧客（消費者）よりも企業（生産者）の方が情報を優位に扱えるという「情報の非対称性」が存在していた。つまり、企業が発信する商品情報の正否といったことを顧客側は検証する術がなかったのである。

しかしながら、ネット社会が本格化するにつれ、企業の発信情報に対する顧客の評価はすぐに企業側にフィードバックされるだけでなく、特にネガティブな情報ほど瞬時に顧客側で「シェア」されてしまう。

したがって、「情報の非対称性」の意味合いが逆転し、顧客側が圧倒的に優位になっているのが現状である。

では、このように変化してきたマーケティング活動を実のあるものにするには何が必要だろうか？　その答えは、顧客との「価値共創」をマーケティング戦略の基軸に据えることである。それが顧客の課題解決につながるのだ。

顧客と企業とで「価値」を「共創」する実効性あるマーケティング戦略へのヒントが宝塚歌劇に隠されているのだ。

では、「共創」する「価値」とは一体何だろうか？

マーケティング戦略の基軸となる「価値共創」

「価値」についての一般的な知見は、まず貨幣との「交換価値」や交換によって手に入れた「物」の「所有価値」から、資本主義の成熟に伴う脱所有＝「使用価値」への変化である。

いわゆるシェアビジネスの隆盛は、この文脈で説明可能となる。車、家、そしてオフィスといった我々の生活に欠かせないアイテムが次々に個人の所有から離れ、シェア化されているのは周知の通りだ。

そしてこのところ注目されている「価値」は、「経験価値」と呼ばれるものだ。もはや所有ではなく、単なる使用にも価値を我々は見出すことができなくなっている。

所有、使用する商品・サービスの本体（品質や価格）ではなく、顧客（消費者）「個人個人」がそれを通じて得る「経験」に価値を見出すという考え方だ。

つまりは、顧客がその商品・サービスを認知してから購入→使用→手放すところまでの一連の「プロセス」消費に顧客は価値を見出す時代になったということなのである。

では、このような「経験価値」にはどのような特徴があるのだろうか？

まず、目に見えない、可視化しづらいこと、そして顧客一人一人でカスタマイズされること、そして外部環境、内部環境の双方に影響されるために、再現性が薄いといったところだろうか。要するに、所有価値、使用価値とは異なり、企業側には非常に捉えがたい「価値」なのではないか。

今後考慮すべき重要な価値が「経験価値」であり、なおかつそれが企業側には捉えがたいのであれば、企業が価値創造するにはどうすればよいのか？　その回答が顧客との「価値共創」なのである。

これができれば、前節においてマーケティングの定義の変化として取り上げた「顧客が欲しいと思う、もしくは顧客の抱える課題を解決する商品・サービスを生み出す」ことが可能となるのである。

「価値共創」は究極のブルーオーシャン

では、なぜ顧客との「価値共創」がこれからの経営戦略に必要不可欠なのかを探ってみよう。それは、ウィズコロナの、消費者の選択眼が従来に比べてより一層厳しくなる競合環境で、企業が生き延びるヒントにもなるはずだ。

かつて著名な経営学者であるマイケル・ポーターは、企業間競争に勝ち抜くための方策には「差別化戦略」と「コストリーダーシップ戦略」の二つの選択肢があると指摘した。

そして、企業はこの二つのいずれかを選択して、それに「集中」すべきだとも主張した。すなわち、この二つは両立させることができないのだ、と。

「差別化戦略」とはどのような戦略になるのだろうか？　皆さんもご自身の立ち位置でお考えいただきたい。

どうだろう、差別化するためには従来の品質なり機能に何かしら「新しい要素をプラスする」ことを考えてはいないだろうか？

だとしたら、新しい要素を企画する、研究する、開発する、試作する、テストマーケティングする、商品化する、販売促進する、アフターサービス……と、ヒト・モノ・カネ・情報・そして時間といった「コスト」が新規に発生することになる。

すなわちポーターは、差別化しようとすれば、新規にコストが発生することに直結するため、「コストリーダーシップ戦略」とは両立しないと分析していたのである。

しかしながら、W・チャン・キムとレネ・モボルニュが提唱したブルーオーシャン戦略では、この二つの戦略が両立可能とした。一体なぜ、両立は可能となるのか？　それは我々の既成概念を疑ってかかればいいだけのことなのであった。

我々は「差別化」と聞くと、条件反射的に機能の「追加」を考えてしまうものだが、ブルーオーシャン戦略の面目躍如たるところは、不要な＝顧客に価値をもたらさない要素を大胆に「カット」「削除」すればよいと喝破した点にある。

注意しなければならないのは、顧客に価値をもたらさない要素を「減らす」のではなく、「カット」「削除」してしまう点だ。そうすれば、どうなるのか？　そう、「大胆に」コストカットすることが可能となるのである。

このようにして「大胆に」カット、削除したコスト（時間も含む広範囲なコスト）を差別化の源泉となる新しい要素の創出に振り替えればいいのである。

このような文脈で我々に新しい価値を提供し、新規顧客を開拓した代表的商品は、1979年に発売されたSONYの「ウォークマン」である。

ブルーオーシャン戦略の代表例・SONY「ウォークマン」

ウォークマンが提供した新しい価値は「音楽を携帯することによる豊かな生活」という「価値」である。屋外を歩きながらでも、外で食事をしているときも、好きなときに好きな音楽を聴くことができるという価値を新規に「創造」したのである。

その価値創造のために、ウォークマンはいかなる機能を「カット」「削除」したのだろうか？ 音楽を「携帯」することが最重要価値であるゆえ、携帯を阻害する要因をカットすべきであろう。

そこで、従来の「音楽鑑賞」で重視された「音質」、すなわち「スピーカー」を「削除」したのである。いつでもどこでも好きな音楽を聴くためならば、多少の音質低下を顧客は容認するとの読みである。

その削除した分を新規価値創造のために振り向けることにより、ウォークマンは手頃な価格で発売され、音楽というジャンルを超越して、若者のファッションアイテムとして瞬く間に「ブルーオーシャン」を構築したことは歴史が示す通りである。

ウォークマンによって開拓されたブルーオーシャンは、今現在「ｉＰｏｄ」として継続、進化していき、すっかり現代人の生活に埋め込まれている。

このように、ブルーオーシャン戦略は、ポーターの競争戦略の弱点を克服する術を我々に提供したことにより、企業の経営戦略に大きな影響を与えたのである。

以上が、「これまでの」ブルーオーシャン戦略の考え方である。

さて、我々が企業の経営戦略を考えるうえで、ブルーオーシャン戦略が重要だと認識できたとして、今現在の企業経営を取り巻く外部・内部環境を確認してみるとどうだろうか？

世界のＳＯＮＹだからできたことであって、一般企業にはハードルが高いのではないか？

生活環境の充実、情報化社会の進展によってホワイトスペースはさらに埋まっているのではないか？

新型コロナウイルス騒動の余波で、生活防衛意識がさらに高まり、さらに消費が冷え込むのではないか？

等々、物理的にも、心理的にもなかなか前向きになれないのが実情ではないだろうか？

しかしながら、ＳＯＮＹがウォークマンを開発した当時と同様に、「世間の常識」を一度疑ってみるべきである。

新型コロナウイルス騒動の渦中にある今現在（２０２０年５月）は「自粛」しているものの、人間の消費欲が消滅してしまったわけではない。例えば、任天堂のNintendo Switchが品薄になる等、売れるべき「価値」を有するものは売れているのである。

ただ、ウィズコロナの時代には、欲求を消化させる「手段」が変化し、その傾向が加速度的に強まるのだ。すでにその傾向は静かに、そして着実に我々の生活に根を下ろしていっている。

それは言うまでもなく所有依存生活からの脱却である。「価値」で言えば「所有価値から使用価値、そして経験価値へ」、「モノからコトへ」という、前述の「プロセス消費」の流れがいよいよ本格化するのである。

人々の「価値」に関する考え方は「プロセス消費」へと大きく転換することは理解できたとして、差別化が可能な特殊な経営資源を持たない、そして東京や大阪といった大消費地に基盤がないような企業にはブルーオーシャン構築のチャンスはないのだろうか？

チャンスは必ず、あまねく存在する。なぜなら、既述の通り、顧客の潜在ニーズがもはや「完成品の品質や機能」ではなく、「プロセス」の消費＝経験価値を「共創」することにあるのだから、中小零細、地方立地の企業でもブルーオーシャン構築による差別化は十分可能だと考えられるのである。

ブルーオーシャン化のトリガーとは？

ここまで、プロセス消費に伴う顧客との価値共創の重要性並びに、それを実現していくうえで利用できる戦略ツールとしてのブルーオーシャン戦略について考えてみた。

では、その価値共創へとつながるブルーオーシャン戦略を、宝塚歌劇はどのように構築してきたのだろうか。簡単に振り返ることとしよう。

１９１４年に、当時は関西の奥座敷的存在の湯治場であった宝塚の地に、小林一三翁の手によって宝塚歌劇は誕生した。その経緯については、多くの書籍で扱われているので、ここでは立ち入らない。

宝塚歌劇を、その興行主催者である阪急電鉄株式会社の「事業」として見た場合、その当初の位置づけは、阪急の本業たる「鉄道事業への旅客誘致」というものであった。ゆえに、事業単独での収益性は長期にわたって問われることはなかった。

事実、開業からは不入りの時期の方が当たり前であったと関係者の多くが語っている。その状況に危機感を抱いたのであろうか、１９６０年代後半には、演出家を中心とするスタッフの間に作品

宝塚大劇場の前にある「ベルばら」の像
写真：奴賀義治／アフロ

の芸術性を上げるべきだとの認識が共有されていく。

当時、宝塚歌劇団に入団した旧知の演出家によると、その合言葉は「目指せ芸術祭賞受賞」であったという。そして、海外のヒット作品を研究して芸術性の高い作品を作り上げたものの、意に反して全くヒットしなかった。

そうした状況の中で登場したのが、宝塚歌劇史上最大のヒット作と言われる「ベルサイユのばら」（初演は１９７４年）である。この「ベルばら」の登場が、宝塚歌劇事業にブルーオーシャン戦略を招来させるトリガーになったと私は分析している。

「ベルばら」前夜の宝塚歌劇は、前述のように高い芸術性、すなわち「品質」を追求する戦略を採用したが、宝塚歌劇の顧客はそれに好意的に応えることはしなかった。

一方、「ベルばら」では歌唱力やダンス力といった「品質」よりも、原作の漫画から飛び出してきたような格好の良いキャラクター（「虚構」としての男役）が引き立つ演出、衣装デザインに重きが置かれ、その点が顧客（ほとんどが女性）に受け入れられたのである。

宝塚最大のヒット作と言われる「ベルばら」は、窮地にある歌劇事業を何度となく救い、事業収益拡大に大きく貢献したが、この作品の最大の貢献は、これまでのブルーオーシャン戦略の文脈に則ればむしろ「品質」を捨て、「虚構」である存在の男役像を（改めて）創造したところにあると考えられるのだ。

ここで「改めて」と注釈をつけたのは、当然「男役」は創設当初から存在していたわけであるが、それを「ベルばら」のヒットを契機に、興行主催者である阪急電鉄が差別化要因として再認識したことを強調したいがためである。

つまり、宝塚歌劇事業は、芸術祭賞受賞を目指すという姿勢に代表される「品質」を磨き、際立たせることを「削除」して、他にはない唯一無二の「男役」という「虚構」を創造し直すことにより、独自のブルーオーシャン戦略を確立したと言えよう。

そして、「男役という虚構」を入団〜退団という「サイクル」で常に「再生産」可能なシステムとしたことが、１００年以上にわたって事業を発展・進化させる原動力となっているのである。

古典的戦略論を自己流にリニューアルする「ＳＴＰ」

経営学に埋め込まれ、伝承されてきた企業戦略論において、古今東西普遍の真理である「差別化」と「コストリーダーシップ」の両立を宝塚歌劇事業が成就し、ブルーオーシャンを構築していることはご理解いただけたことと思う。

そして、その戦略に裏打ちされた宝塚歌劇独特の入団↓退団という「サイクル」を再生産することにより、宝塚歌劇は１００年を超えて事業継続、発展を成し遂げているのである。

では、本章の冒頭で指摘したマーケティングの定義に照らし合わせて、宝塚歌劇はいかなる戦略構築を行っているのか、さらに考察を先へと進める。

マーケティングの定義では、すでに存在する商品・サービスをいかに顧客に売るか「だけではなく」、顧客が欲する商品・サービスを「いかに創造するか」がむしろ重要なのであった。

ごくごく当たり前の話と思われるであろうが、この「顧客ニーズの見極め」がマーケティング戦略の要諦であることを再認識したい。

「顧客ニーズの見極め」のためには様々な戦略ツールが存在するが、私は今でも「ＳＴＰ」が最良のツールであると認識している。

「ＳＴＰ」とは「Segmentation」「Targeting」「Positioning」の略語で、フィリップ・コトラーが提唱した経営戦略、マーケティング戦略の古典的ツールである。

①「Ｓ」（Segmentation）：参入マーケットの見極め
②「Ｔ」（Targeting）：対象顧客の見極め
③「Ｐ」（Positioning）：投入する商品・サービス内容選択の見極め

この三つの中で、顧客ニーズの見極めのために最も重視すべきは、「Ｐ」である。「Ｐ」で差別化とコストリーダーシップを両立させるのだ。

さて、ここまでは競合他社も同様に行うわけで、競争に勝ち抜くためには、この先の実際の運用が重要である。その際の留意点が、前節で強調したブルーオーシャンの構築と、これから紹介する「サイクル」の再生産との「合わせ技」ということになる。

宝塚歌劇はその合わせ技＝「虚構のマーケティング」によってブルーオーシャンを謳歌しているのである。この点は後ほど詳細に解説する。

では、その入り口として、宝塚歌劇事業におけるＳＴＰはどのように構築されているのかを具体的に考えてみよう。

1 「S」：参入マーケットの見極め

まず「S」についてだが、市場細分化の目の付けどころについては、グローバル化全盛の時代に全く逆行している。宝塚歌劇の場合は国内市場に絞り、グローバル対応にはほとんど手を付けていない。

その根拠は、ロングラン興行を行わないゆえに提供可能な客席キャパシティの問題（需要と供給のバランス）と、宝塚歌劇の持つ独特の「世界観」がグローバル対応によって希薄化、散漫化することによるターゲット顧客の離反が経営陣に明確に認識されていることにある。

これは宝塚歌劇の経営学の根幹に関わる事象であるので、章を改めて解説したい。

2 「T」：対象顧客の見極め

次に「T」であるが、これは言うまでもなく「女性」である。この世の中に男女の比率はほぼ均衡。ということは、超ニッチなマーケットということが言える。

宝塚歌劇のターゲットは女性であることは疑いないが、他商品との違いはそれを「コミュニティ」と捉えるところにある。しかも極めて生産性の高いコミュニティが複層的に存在し、永続的なサイクルを生み続けるのである。

その「究極のビジネスモデル」が「ファンクラブ」なのだ。なぜ究極なのか？　それが「価値共創」のあるべき姿であるからだ。

この点も章を改めて詳述したい宝塚歌劇の経営学の根幹の一つだ。

3 「P」：投入する商品・サービス内容選択の見極め

最後に、最重要の「P」、具体的な商品化である。

「T」（顧客）によって構成される「S」（細分化された市場）に醸成された「世界観」を、広義のエンターテイメント、狭義の演劇という範疇で現出させ、しかも「差別化」と「コストリーダーシップ」を両立させるという厄介な方程式を解く「P」（作品）とは？

それが「虚構」＝「男役」の存在を中心に据えた今の、そして未来永劫続く宝塚歌劇の作品制作なのである。

このように、戦略ツールは古い／新しいではなく、扱う商品・サービスや業界特性に応じて選択すればよいのである。いくら最新の理論であっても、それが現場で使えないのであれば、まさに画餅なのだ。

「虚構」が熱狂的ファンを創る

宝塚歌劇のマーケティング戦略についての理論的背景は、以上の通りである。これより先は、宝塚歌劇事業におけるマーケティング戦略の詳細について解説していきたい。

前節の最後に、宝塚歌劇の作品制作の特徴を「虚構」＝「男役」の存在とご紹介した。この「男役」とは一体何か？

宝塚歌劇団の技芸員はすべて女性で占められている。よって、技芸員の中に男性を演じる女性が存在する。それが「男役」である。

宝塚歌劇団に入団するための絶対要件は、宝塚音楽学校を卒業することである。音楽学校在学中（否、ほとんどは入学前から）に、生徒は将来「男役」になるか、「娘役」になるかの選択を迫られる。

ただ、宝塚歌劇のメインは言うまでもなく「男役」である。それは宝塚歌劇のメインターゲットが今も昔も女性であることから当然の帰結である。そして、この「男役」なる存在が他のエンターテイメントとの決定的な差別化要因となり、宝塚歌劇事業がブルーオーシャンを謳歌する決定打となっているのである。

　では、この「男役」なるものの商品価値は一体なんであろうか？　それは「本来、この世に存在しないもの」ということにある。私はこれを「虚構」と呼ぶ。

　ここでいう「虚構」とは、嘘、偽りという意味ではなく、この世に存在しないものという意味なのである。

「虚構」であるがゆえに、それに対する明白な「定義」は存在し得ない。つまり、商品としての「虚構」＝「男役」には定義が存在しないので、顧客が享受する「価値」に関しては、無限の解釈が成立可能と考えられる。

　つまり、ファンの方々が「男役」に対して求める「価値」は多種多様であり、ファンの数だけ「男役」の定義→「商品価値」が存在すると言っても差し支えないのだ。

　とすると、価値を提供する宝塚歌劇団側には、ファンの方々が「関与しやすい」男役像を提供することがマーケティング戦略上必要となる。

　先に指摘したように、宝塚歌劇の作品制作において、その芸術性の向上は決して必要十分条件ではない。なぜなら、芸術性の向上には一定のコンセンサスというものが存在するからである。そして、そのレベルに到達する芸術性はなかなか一般人には理解しがたいものがある。理解しがたい物事に対して、人間はなかなか高い関与を示すことは困難だが、芸術性をいわば削除した「虚構」に対して価値を希求する＝「妄想」を掻き立てるのはまさに、ファン一人一人の自由意思によるものであり、ファンにとっての特権である。

宝塚歌劇のマーケティング戦略は、このような「虚構」に対するファン一人一人の、すべて異なり、しかも高次元の「関与」を引き出すことを目指している。

しかも、女性が男性を演じるために、歌劇団に入団したばかりの男役は、いまだうら若き乙女なのであって、ファンに「男役」として認められるには程遠い。しかしながら、それがファンの不満足につながらないのが宝塚歌劇の面白さである。

それは一体どうしてだろうか？

熱狂的ファンを創る
自己関与性
発露戦略

理由は、ファンにとっての許容「時間軸」が相当に長いからである。ゆえに、関与し始めた（ファンとして応援を始めた）時点での、男役としての完成度は低くて当たり前であって、それが原因でファンが離脱することはまずないと言っていい。

一般的商品であれば、顧客にとってたった一度の不満足経験が、永遠にその商品からの離脱を意味することが頻繁に起こる。それは、言うまでもなく代替品が存在し、求める「価値」が所有価値、使用価値だからであろう。

一方で、宝塚歌劇の「男役」には代替品が存在しない。加えて、別の男役に「乗り換える」こともめったにない。

宝塚歌劇の場合、いわゆるブランドスイッチが起こることはまれである。なぜなら、女性ファンは「男役」の「成長」に伴走する経験を重視しているからだ。

女性ファンは、その持てる母性本能を駆使して、着目した「男役」の成長を長期間かけて見守る。ファンになった時点から、多くの場合は十数年後の退団までずっと変わらず高関与状態を継続するのである。

これは、宝塚歌劇事業の収益構造に大きなプラスの影響をもたらす。なぜなら、男役としての成長に、ファンが自ら主体的に高関与するからであり、なおかつ、ブルーオーシャンであるから、ブランドスイッチされる恐れもほとんどない。

ゆえに、作品制作側（宝塚歌劇団）は大きなコストをかけることなくファンの高関与＝高額消費を享受でき、また平均十数年という長期間にわたって高い利益率を確保することが可能となっているのだ。

このような熱狂的ファンを大したコストをかけずとも生み出すことができ、生徒の歌劇団への入団~退団というサイクルを無限に回し続けることが可能なビジネスモデルを構築したことが、宝塚歌劇のマーケティング戦略の真骨頂と言えるのである。

正統派「劇団四季」との絶対的な違い

さて、宝塚歌劇事業のマーケティング戦略について解説してきたが、いま一つわかりにくいと感じる向きもあるだろう。ましてや、実際に宝塚歌劇の舞台を観た経験のない読者の方にはなかなかご理解いただけないかもしれない。

そこで、本節では、他のエンターテイメントとの比較を通じて、宝塚歌劇の特殊性について理解を深めていただきたいと思う。

まずは、宝塚歌劇団のライバルとして頻繁に俎上に載る「劇団四季」との比較である。

劇団四季は、宝塚歌劇とは全く異なるビジネスモデルを構築している。むしろ、宝塚歌劇団より劇団四季の方が、エンターテイメントビジネスとして正統派と言えるのではないだろうか？

その根拠は、なんといってもエンターテイメントビジネスの王道である「ロングラン公演」を実施していることにある。ロングラン公演とは、同一の演目をひたすら長期間上演することである。

その興行上のメリットは、エンターテイメントビジネスの構造上の特徴を見れば理解可能である。その構造上の特徴とは「固定費比率の高さ」にある。

説明しよう。一本の演劇作品を制作する場合、そのコスト構成は「大道具・小道具・衣装・照明・音響・背景画……」といった舞台製作費用（イニシャルコスト）と、演者のギャラ、各種スタッフの人件費、著作権費用等のランニングコストに大別できる。

さて、その演劇作品はそれぞれに作品自体の強さ、キャスティングの強み、著作権交渉の結末等によってチケット価格や上演回数が決められていくが、舞台製作費用（固定費）については、上演回数に関係なく支出されるべきコストとなる。

例えば、上演回数がわずか2～3回であっても（チケットが売れない等の要因による）、出演者全員の衣装は製作されねばならない。収入がおぼつかないからといって、一部の出演者の衣装を「自前」とするわけにはいかないのである。

事ほどさように、演劇制作においては固定費が、絶対的にも相対的にも大きな存在となってしまうのである。

このことを前提に公演収支の計算をすれば、おのずとロングラン公演が志向されることとなる。なぜなら固定費の比率が高いことは、裏返せば相対的に変動費の比率が低いことにつながる。

であれば、上演回数を重ねることによって損益分岐点をいったん超えれば、あとは上演を積み重ねれば利益が一方的に累積していくことになるのは自明のこととなる。

言い換えれば、固定費は上演回数の影響を受けない。そのために、上演回数が増えれば増えるほど平均コストは減少し、いわゆる収穫逓増が発生する。これが、ロングラン興行の醍醐味なのだ。

演劇ビジネスの本場であるニューヨークのブロードウェイでも、当然のごとくロングラン公演がメインの興行戦略となっているし、劇団四季もロングラン公演をほぼすべての劇場で実施している。それが、永続的ビジネスには欠かせない要素だからだ。

しかしながら、宝塚歌劇はロングランを実施しない。宝塚歌劇とて、ブロードウェイ・ミュージカルや劇団四季と収支構造に与える要素は同じであるから、経営の安定化、事業の永続化のためには、ロングラン志向は欠かせないはずである。

だが、宝塚はそれを選択しないのである。なぜ、宝塚はエンターテイメントビジネスで王道と言われる「ロングラン」をしないのだろうか？

顧客との信頼関係が第一

宝塚歌劇とて、他の興行と同様にロングラン興行を実施すれば、今以上に利益率が向上することは間違いない。

宝塚歌劇には花組、月組、雪組、星組、宙組と五つのユニットがある。当然、各組の人気には濃淡がある。したがって、事業経営を第一に考えれば、「強い＝チケットが売れる組」の興行回数を増やす、すなわちロングランを実施して、弱い組の興行はカットすることが最良の選択になることは十分想像できるところであろう。

しかしながら、宝塚歌劇事業においてロングラン興行は選択されない。否、選択されようがない。なぜか？

その答えは、先述したロングラン興行のメリットよりも顧客との信頼関係の構築・継続をより重視しているからである。その「信頼」とは、５つの組を常に、未来永劫「平等に扱う」ことによって生じる。

既述の通り、宝塚歌劇のファンは、およそ十数年にわたって特定の「男役」を応援していく。宝塚の世界では、いくら歌唱力やダンス力（品質）に優れていても、入団からわずか数年でその生態系の頂点である「男役トップスター」の座につくことはできない。「品質」よりも、男役としての「色気」「たたずまい」が重視される世界であり、それを身に付けるには場数を踏むしかない。それが「男役10年」と言われる所以だ。

ファンもそれを理解しているため、特定の男役を長年にわたって応援していくのだ。途中で「乗り換える」ことがないこともないが、そうなると、いわゆる「サンクコスト」が発生することになる。

したがって、このようなファンの期待に応えるには、五つの組の興行を可能な限り平等にすることで得られる「信頼関係」が必要十分条件となるのである。宝塚歌劇では、この信頼関係が損なわれた場合、「世界観」が崩壊して、ビジネスが成り立たなくなるのである。

この点が、興行界でライバル視される劇団四季の経営戦略との決定的な相違点である。一方で、意外な組織との共通点があるので紹介したい。

「カープ女子」と「宝塚ファン」の意外な共通点

近年のプロ野球界における企業経営戦略には、言わずもがなではあるが、他のエンターテイメントが参考にすべき要素がふんだんに含まれている。

ただ単に試合を「観戦・応援」するだけでなく、飲食・物販という購買行為はもちろんのこと、試合「前後」に展開される様々なパフォーマンスに各球団が知恵を絞って競う姿が日常化している。

そんな中、ファンとの価値共創によって選手を「育成」するという、宝塚歌劇経営のエッセンスに通底する事象がプロ野球界にも存在する。広島東洋カープのいわゆる「カープ女子」現象である。

「カープ女子」とは、広島東洋カープに入団した若手選手に、入団当初から着目し、2軍から這い上がっていく「プロセス」を伴走して、長期にわたり様々な消費行為を行う女性ファンを指す。

同球団は、今でこそ毎年優勝争いを展開する強豪チームとなっているが、以前はBクラス常連の弱小「地方」球団であった。球団経営を支えるのは地元広島市民の熱意である。フランチャイズ球場名が、広島「市民」球場であることがその証である。

したがって、選手のマネジメントにおいても、某金満球団のごとく、FA（フリーエージェント）による実績ある即戦力の獲得競争には参戦せず、専らドラフトで高校生選手を獲得し、地道に2軍からじっくり育成することをその基本戦略とせざるを得ない。

前監督の緒方孝市や、今や広島のトップスターである鈴木誠也も、ともに高卒ドラフト指名組で、カープで純粋培養された代表例である。近年も、地元広陵高校卒業の捕手を1位指名する等、基本的に戦略は変わっていない。

そのようなFAや社会人を経て入団する、ある意味「プロ」ではなく、「シロウト」の高卒選手を、脚光を浴びていないときから応援する（消費活動を行い、広報活動も展開する）「カープ女子」に、私は宝塚歌劇経営との強い親和性を感じるのである。

つまりそれは、消費対象が「完成品でなく、未完成」であること、「完成品になり、卒業（退団）するまでの長期間」持続すること、「そのプロセスに対応した商品が展開」できること、「それらをコレクション化させること」等に象徴される共通項の存在である。

そして何より、双方とも女性をターゲットとした戦略展開である点が非常に興味深いのである。

人件費でも販促費でもない「コスト」とは？

宝塚ファンとカープ女子を比較検討した際、上記の共通項のほかに、別の視点から興味深い宝塚歌劇経営戦略の側面が現出してきた。それは「コスト」に関するものである。

「コスト」といっても、収支計算に出てくるような人件費、販売促進費といった企業側に発生するコストではない。

ちなみに、企業経営において発生する一般的なコストについても、宝塚歌劇事業にはいくつかの大きな特徴がある。

エンターテイメントの世界では、作品企画や音楽、各種デザインといった作品構成要素に必ず「著作権」が付いて回ることになる。

その著作権料の支払いは、上演回数＝売上に比例して増加するのが一般的であるので、そのパーセンテージをいかに低く抑え込むかが興行の成否のカギを握っている。

顧客の支持を得て再演を重ね、人気作品に成長し、それがシリーズ化されると、その原作者をはじめとする諸々の著作権者には大きな著作権収入がもたらされる。

ところが、宝塚歌劇経営では、作品に関する著作権を、一部音楽関連を除いて宝塚歌劇団が「買い取ってしまっている」のである。その見返りに、作家（演出家）、衣装や道具デザイナー、一部音楽家といった作品制作上のキーになるスタッフを宝塚歌劇団の「団員」として直接雇用している。

つまり、団員化によってスタッフの身分を保証することで、（現下の一般的な興行ビジネスで頭を悩ませる大きな原因である）著作権料の高騰という事業リスクを巧みに回避しているのだ。

ところで、事業を成長させていくために、このような作品制作スタッフの「固定化」は足かせにならないのだろうか？といぶかる向きもあろう。

しかしながら宝塚歌劇の場合、ある程度のスタッフの固定化とはすなわち、「男役」という「虚構」に代表される宝塚歌劇の「世界観」を次代に継承するために必須の条件となっているのだ。

宝塚歌劇経営では、「世界観」が唯一絶対の存在価値であり、差別化要因である。これを崩すと、顧客との信頼関係を喪失し、利益の源泉を失う羽目になる。極論すれば、顧客は宝塚歌劇の「世界観」を不変の、普遍のものと信じているのだ。

宝塚歌劇事業に販売促進という概念はなし

さて、宝塚歌劇経営では、著作権以外にも他のエンターテイメントに比して、その比重が著しく低いコストが存在する。「販売促進費」である。販売促進という概念すら存在しないと言っても過言ではない。

皆さんは、宝塚歌劇事業のテレビCMなり、広告看板なりポスターを見かけたことがあるだろうか？　阪急沿線並びに東京宝塚劇場周辺以外では、ほぼないはずである。興行主の阪急電鉄は、そのような「無駄遣い」をすることはない。しなくてもチケットは売れてしまう（そのからくりにロングラン公演を実施しないことが絡んでくるのではあるが……）。

正確性を期するならば、テレビCMが流れることはある。それはいわゆる「冠公演」の場合である。冠公演では、相手企業との契約の中に必ず「テレビCM制作」が含まれる。

それによって、企業名が全国に知れ渡るという効果を狙ってのものである。宝塚と企業の間を仲介する広告代理店にとっても、手数料以外に大きな収益がもたらされる重要な案件だ。

ではなぜ、販売促進なしで興行が成立するのか？　それはチケットが「売れてしまう」仕組みが出来上がっているからである。その仕組みの中心に存在するのが、後述の「ファンクラブ」なのである。

宝塚歌劇はロングラン興行を実施せず、かつ、五つの組の公演ローテーションを分け隔てなく固定化している。これにより、ファンは応援する役者の公演スケジュールを早くに把握することが可能となる。

すなわち、ファンにとっては宝塚歌劇関連消費に対する「予算化」が早期に可能となり、それを忠実に執行していくわけだが、その傾向はファンクラブ会員、つまりディープなファンほど強いのは当然であろう。

ゆえに、まずファンクラブがチケットの大枠を押さえ、続いて「宝塚友の会」「各種団体」「一般の顧客」というようにチケットが流れていく構造が固定化しているのだ。

そこへロングラン興行を実施「しない」＝チケットが有限というタカラヅカ独特の決まり事の存在が、チケットの「稀少価値」に駄目押しをするのである。

したがって、興行主としては販売促進せずともチケットが完売する仕組みが出来上がっているというわけだ。そしてこのサイクルが、スターが代替わりしても永遠に続くことになる。これが宝塚歌劇の経営学の神髄である。

顧客に存在するコストを考える

コストと言えば、企業側に存在するだけではなく、顧客側にも存在するのは異論のないところであろう。

宝塚歌劇の経営学では、顧客側に発生するコストにも、一般的な事業経営に示唆を与える重要な、そして奇妙な要素が存在することを指摘せねばならない。

その対象は「サーチコスト」と「サンクコスト」の2点だ。これを企業側でうまくコントロールできると、当然の帰結として利益率の高い経営が実現することになる。

1　サーチコスト

まずは「サーチコスト」からご紹介したい。

今般の新型コロナウイルス騒動により、生活防衛意識がさらに高まることが容易に想像できる。したがって消費者の「コスト」に対する意識＝選択眼はなおさら鋭敏になっていく。

一方で、我々自身の経験を振り返ればうなずけることだが、情報化社会の進展により、選択肢が広く、多様になったことは手放しで喜ばしいことなのか？

従来は二つ三つの選択肢「しかない」状態であったものが、ネット検索するとそれが10倍、20倍の数で提示される。それを一つ一つ吟味することは実は我々の脳に大きな負担をかけている。選択肢が増えたことは喜ばしいが、人間のストレスはますます大きくなっているのではないだろうか？　そこに降ってわいたコロナ騒動である。生活防衛のための選択に関わるストレスはますます増大すると予測できる。

とすれば、我々はそのストレスを回避する方法を必然的に探るであろう。すなわち、ウィズコロナにおける企業戦略の要諦の一つは、顧客を「わずらわせることなく、自社の製品・サービスを選択させる」こととなる。

これは、すなわち、コスト論で言えば顧客の「サーチコスト」を低減させることにほかならない。「サーチコスト」とは、顧客が自身のニーズを満足させる製品・サービスを探すコストのことを言う。

顧客にとって「サーチコスト」の構成要因は、お金だけではなくむしろ、時間、ストレスの比重が高いことに留意する必要がある。この点が、企業活動における「サーチコスト」の構成要因と大きく違うところだ。

企業活動の場合、「サーチコスト」をかける理由は、信頼できる取引相手を探すことにある。したがって、その選択如何によって企業の命運が左右されることもあり得るため、企業は個人とは異なり、多額のお金をかけて調査し、意思決定を行う。

ゆえに、生産者側（企業側）における「サーチコスト」の重要性は従来から認識されてきたと考えるが、今後は、上記のような理由で消費者側の「サーチコスト」を削減させる必要が企業経営にとって大きな課題となるのだ。

では、宝塚歌劇経営から消費者にとってのサーチコスト削減に向けて得られる示唆は何か？ これも二つに分けて分析してみたい。

1点目は、「新規参入」つまり顧客創造に関する戦略であるが、この点は第2章の後半の「リピーター」に関する論考にて詳述する。

2点目は、既存顧客のブランドスイッチ防止策に関する示唆である。

既存顧客にサーチコストが発生する局面と言えば、それはブランドスイッチを想定している場合であろう。それが発生するのは、現在消費している商品・サービスに対して顧客が何らかの不満を感じた場合となる。

それを回避する方法はないのか？ 宝塚歌劇経営からの示唆は、既述の通り顧客の消費の対象を「プロセス」に変換してしまうこと、つまり経験価値を重視するということだ。

商品・サービスの「品質」であれば、使用する顧客に共通する一定の尺度が存在する。そのいわば「結果」をもって顧客は評価を下し、効用が期待を上回れば（少なくともイコールであれば）購入を継続し、否であればブランドスイッチが起こる可能性が高くなる。

一方、当該商品・サービスの企画開発から製造、購入、利用、廃棄の一連の「プロセス」に、何らかの「物語」「ストーリー」が埋め込まれており、それを顧客が評価すれば、品質如何にかかわらず顧客が購入を継続する。つまり、顧客の「サーチコスト」を軽減することにつながるのである。

一例を挙げれば、日本コカ・コーラの「い・ろ・は・す」がある。この商品は言ってみれば単なる「水」である。先行する他社の「おいしい水」シリーズ等の競合商品も多い中、清涼飲料水マーケットにおいて一定のポジションを獲得し、その後「シリーズ化」（「続編」）も果たしている。

「い・ろ・は・す」は、バリュー・チェーン＝「プロセス」のどの部分に着目したのか？　それは、従前、競合他社が着目せず、かつ、地球環境保護という時流に乗った「廃棄」のプロセスに物語を創出して「経験価値」を新規に創造したのである。

「い・ろ・は・す」のテレビCMを記憶している方も多いであろう。タレントが最後に容器（ペットボトル）を絞ってつぶすことで、ごみの減量＝地球環境保護に自分も貢献しているという快感を表現している、あの印象的なCMだ。

清涼飲料水が解決すべき究極の課題は「喉の渇きを潤すこと」にある。「喉の渇きを潤す」課題解決には、「水」だけでなく「お茶」「炭酸飲料」「コーヒー」……と競合が数限りなく存在する。

一方で、人間の脳の持つ情報処理能力には限りがあるため、選択肢が多くなると我々は逆にストレスを感じてしまうのだ。つまり「サーチコスト」は低ければ低いほど良いと言える。

「い・ろ・は・す」はそんな人間の特性を踏まえ、かつ「廃棄」という、今まで軽視されていたプロセス、経験に着目するという斬新なストーリー展開でサーチコスト削減＝ブランドスイッチ防止→定着化の道を歩んだのである。

宝塚歌劇経営では、歌唱やダンスの巧拙といった「品質」ではなく、「虚構としての男役」へと年月をかけて、文字通り場数を踏むことによって「男役の色気」が熟成していく「プロセス」を顧客は消費しているため、ブランドスイッチは容易に発生しない。

応援している「男役」が退団（商品で言えば廃棄）すれば、その「プロセス」を再度経験すべく、顧客の大半は若手の「男役」を「サーチ」し、同様のプロセス消費の世界へ舞い戻る。顧客満足度が高く、ゆえにブランドスイッチを必要としないため、顧客にとっての「サーチコスト」は極めて低額で済むのだ。

さて、このような「プロセス消費」が強力であることは、顧客にとってのもう一つの重要なコスト概念である「サンクコスト」（埋没コスト）にも関わってくる。

2　サンクコスト

前節で取り上げた「サーチコスト」に負けず劣らず、「サンクコスト」も顧客の消費行動に大きな影響を与える。それは金額の多寡よりもむしろ「ストレス」に関わってくるだけに、ウィズコロナの時代には尚更重視されるべきであると考えられる。

ではまず、「サンクコスト」の定義を考えてみよう。日本語では埋没コストという。埋没とは埋もれてしまうこと、要するに「プロセス」で投じたコストが効用として顕在化しない、つまり無駄になるということだ。それは我々にとって大きな「ストレス」となるのは自明であろう。サンクコストの実例としては、我が国の公共事業の代表例としてのダム建設の事例が挙げられる。民主党政権時の「事業仕分け」でやり玉に挙げられた「八ッ場ダム」の事例を思い出す方も多いと思う。

ダム建設のように、長期間のプロセスを経る大型工事においては、治水というダム建設の大義がプロセスの中途で一転して喪失される局面が到来することがある。八ッ場ダムもこうした事例で「事業仕分け」という政治ショーのただ中で、自民党政権が実行し続けた無駄な公共事業の象徴として取り上げられたのだ。

しかしながら、いったん造りはじめた巨大構築物はなかなか中止にはできない。そこには莫大な予算と時間といったコストがすでに投入されているため、そのすべてがサンクコスト化してしまうからである。一方で、治水という機能が１００パーセント喪失されたわけでもない。

他には、国産ジェット機の開発、稼働を延期し続ける三菱重工業の事例も有名だ。

このようなダムや国産ジェット機の事例は、いずれもコストを投入した成果物としての「完成品」が我々の評価対象となるため、完成しなければ意味がなく、完成するまでのありとあらゆるコストがサンクコストになる可能性が高い。

一方で、「プロセス消費」の場合は、「完成品の品質」が顧客の評価対象ではなく、一つ一つのプロセス、経験が評価対象となるので、サンクコストは発生しないと言えるのではないだろうか？

先述の「い・ろ・は・す」の場合は、「完成品の品質」＝「水のおいしさ」ではなく、購入前の代替品選択から廃棄までの一連のストーリーを包摂する「地球環境保護に微力ながら貢献」という「プロセス」（の心地よさ）が評価の対象となっているため、サンクコストは発生せず、リピーター率が高く、シリーズ化するほどに定着したのである。

宝塚歌劇の場合も、大半の顧客が目を付けた男役スター候補生の黎明期から「伴走」を始めている。場数を踏んで男役として熟成していくプロセスを消費していくためだ。

ゆえに、その中途で伴走対象を変更してしまうことがあると、それまでの投資はサンクコスト化する。乗り換えた先の男役にはすでに数多くの先客ファンが存在するゆえ、後発参入のデメリットも存在する。

このため、宝塚歌劇ファンは長期にわたってブランドスイッチすることなく退団（卒業）まで、一人の「男役」に投資を継続することになるのだ。そこには、顧客側の歌劇団に対する「信頼」の存在が大きい。

したがって、宝塚歌劇団側からすれば、このような顧客の「信頼」を損ねることはなんとしても回避せねばならない。大方の場合、3番手→2番手→トップスターと番狂わせなく昇級していくのが基本的な戦略となるのは自明のことである。

このように、「プロセス消費」「経験価値」の重要性に着目する企業経営には、企業側に発生するコストだけでなく、顧客側に発生する「サーチコスト」と「サンクコスト」の概念を十分理解した経営が求められる。

「サンクコスト」の発生しないプロセス消費の仕組みが構築できれば、顧客にとっては「サーチコスト」をかけることなく、かつ企業側にも顧客維持に関するもろもろのコストを投入することなく「サイクル」を回していくことが可能となる。

宝塚歌劇の事業経営は、ウィズコロナの時代における企業経営に大きな示唆を与えているのがご理解いただけたのではないかと考える。

この第1章では、マーケティング戦略策定にあたって、着眼点を変える必要性について言及した。続く第2章では、「顧客の捉え方」について「コミュニティ」という概念について再検討し、その顧客との価値共創（プロセス消費）の「サイクル化」の重要性について考えてみたいと思う。

ポイント❶

今後のマーケティング戦略の重要ポイントは、**顧客が欲しいと思う、もしくは顧客の抱える課題を解決する商品・サービスを生み出す**ことによる市場創造である

ポイント❷

加えて、その商品・サービスに対して忠誠度の高い「ファン」が代わる代わる生み出される**「自律的サイクル」を構築し永続させることが重要となる**

ポイント❸

そのために必要なのは新しい「価値」の構築と提供。**従前の「所有価値」や「使用価値」よりも「経験価値」を重視すべき**である

ポイント❹

顧客の側から見た「コスト」（サーチコストとサンクコスト）の重要性を認識する

第2章

宝塚歌劇団のコミュニティ

――熱狂的ファンを生み出し続けるサイクル

「価値共創」から「プロセス消費」に

さて、宝塚歌劇経営におけるマーケティング戦略の要諦、そして今後の一般的な企業経営への示唆とは、第1章で示したように、顧客との価値共創に重点を置くこと、そして価値共創のプロセスを消費させるという「経験価値」を重視することであった。

かつての日本企業の発展を支えてきた製品・サービスの完成度の高さよりむしろ、顧客一人一人の満足度を「徐々に」向上させていくことに価値を見出すものである。

この戦略は、マーケティングの定義が「すでにできあがった製品・サービスをいかに売るか」から「（カスタマイズが進む）ターゲット顧客のニーズ、課題解決に必須の製品・サービスを創造する」へと進化したことに十分対応できるものである。

また、製品・サービスを顧客に売った時点、つまり企業に売上が発生した時点で顧客との取引は終了するという、いわゆるグッズ・ドミナント・ロジックではなく、購入後のアフターサービス、廃棄（再生）までを視野に入れたサービス・ドミナント・ロジックとも親和性が高い。

サービス・ドミナント・ロジックの考え方の根底にはいまだ、顧客の声に対して受動的であり、かつ、アフターサービスを中心に捉えている向きが多いが、ここまで述べてきた「顧客との価値共創→プロセス消費」は、より積極的に顧客との関係性を強め、製品・サービスの企画開発段階（「川上」）から顧客の高関与を組み込む戦略である点で大きく異なる。

では、「顧客との価値共創→プロセス消費」の「サイクル化」を一般論としていかに戦略として構築していくのかを第2章では追求していきたいと思う。

「コミュニティ」の定義とは？

マーケティング戦略の構築・実施における宝塚歌劇経営からの示唆、それは「顧客との価値共創→プロセス消費」の「サイクル化」であった。

では、その仕組みをいかにして構築するか？　その考察の足掛かりは「コミュニティビジネス」という概念にある。この言葉もまた、人口に膾炙していて逆に定義が不明確になっているのではないだろうか。

「コミュニティ」とは、古くは「居住地域や職業等による利害関係がもたらす紐帯」、そして最近では「ネットでつながった、特定の趣味嗜好・話題を共有する仲間」といった定義がなされている。前者は強い結びつきを、後者は緩い関係性を表現しているが、私の定義する今後のコミュニティとは、その中間を行くものである。つまり、コミュニティで共創すべき「価値」は、顧客の置かれている「文脈」の中で安定せず、強くなったり弱くなったり、常に揺れ動いていると考えるべきなのである。

したがって、現在の、そしてこれからの「コミュニティ」とは、安定性を求める方向ではなくむしろ「不安定性」を内包したものと捉え直し、それを有効に活用することを目指すべきだ。

読者の皆さんの中には、戦略とはできるだけ不確実性を除去すべきもので、不安定性を許容するなんてとんでもないといぶかる向きもあろう。確かに、従来の企業経営において「不安定性」は除去、克服するものと捉えられていたのは確かだ。

例えば、宝塚歌劇事業も該当するサービス業には四つの要素があると言われている。「無形性」「同時性」「消滅性」「不安定性」だ。

まず「無形性」とは、形がないもの、製品のように固形の物体は存在しないことを指し、次に「同時性」とは、生産と消費が同時進行する……。演劇にしても、パフォーマンスは演者が「生産」すると同時に観客はそれを「消費」している。

続いて「消滅性」とは、すなわち在庫ができないこと。そして最後に「不安定性」が登場する。

従来の「不安定性」からの変化

「不安定性」とは、サービス業ではたとえ同一人物であっても、気分であるとか体調であるとか、そういった「文脈」次第で顧客に提供するサービスレベルに変化が生じる、つまり安定していないということである。

従来、経営学的には、この「不安定性」は悪しきもの、除去すべきものと考えられてきた。サービス業、特に接客における過度なマニュアル化はその最たる現象であろう。東京ディズニーリゾートしかり、「いらっしゃいませ、こんにちは。店内でお召し上がりですか？」の日本マクドナルドしかり、サービスレベルは文脈にかかわらず常に一定レベルを提供すべきというのが戦略なのである。

しかしながら、前節にて指摘したように、現在の、そしてこれからの「コミュニティ」とは、安定性を求める方向ではなくむしろ「不安定性」を内包したものと捉え直さねばならないと考えられる。

その根拠は、ネット社会の進化に伴い、「リアリティ」をより求める傾向が特に今後の消費主体である若者の間で広がっているからである。エンターテイメント業界における昨今の「ライブ回帰」もこの文脈で理解可能だ（ただし、この傾向が継続するか否か、ウィズコロナ社会での一大関心事となろう）。

「ポスト真実」社会の到来で、「リアリティ」の存在基盤が著しく損なわれているのはご承知の通りだが、「リアリティ」が消えることは決してあり得ない。ただ、その存在基盤がその時の状況（文脈）に依存する形で変化することに留意すべきだ。

つまり、リアリティは不安定性を包摂する形で、再帰性を持たずに現出すると定義し直すべきであろう。

エンターテイメント業界の枠を超えて一世を風靡した「ＡＫＢ48」における秋元康氏の戦略の基軸はまさにこの「再帰性を持たせない、不安定性を包摂したリアリティ」の創出であった。

それを秋元氏は「握手会」や「総選挙」といった「ライブ」に仕立て、それに「付随」する形でＣＤやグッズといったモノを売り、それらを年中行事（ただし再帰性はない）として「サイクル化」したのである。

実は宝塚歌劇の経営戦略とは、秋元氏による先述の戦略構築のうち、「不安定性」を従来の王道である「安定性」に置き換えたのみの違いで構成されていることに留意されたい。

秋元氏は、後述する小林一三翁の経営戦略を現代風にアレンジして模倣したのである。

ただし、この「不安定性」のマネジメントに重大な瑕疵があったがゆえに、ＡＫＢビジネスは短命に終わってしまった。

不安定性を包摂したリアリティの現出した姿である秋元氏の「ライブ」には、不安定性が持つ弱点である「顧客との信頼性」が結果的に欠落することになった。「アンチ」の想定以上の増殖である。

コロナ禍のただ中にある現在（２０２０年5月）、エンターテイメント業界を揺るがせている話題がいわゆる「テラハ騒動」だ。

テラハ騒動とは、フジテレビ系列で放送されたリアリティショー「テラスハウス」で、番組の演出により、出演者である女子プロレスラーの木村花さんに対して、「死ね」「消えろ」といった匿名の誹謗中傷がネット上にあふれ、それを原因として木村さんが自殺したとされる問題である。

これらの事例はまさに、情報社会論的に捉えたインターネット時代到来以降の日本社会の暗部そのものである。日本人のネット社会では、「炎上」「叩き」といった類いの短絡的で、後ろ向きで、過剰に同調する傾向がより顕著なのである。

テラハ騒動と同様の現象がかつてＡＫＢ関連ビジネスでも発生し、アンチがアンチを呼ぶ状況でファン内部にも信頼の欠如による深刻な亀裂が生じて、あっけなくＡＫＢビジネスは衰退したのである。

ただ、このＡＫＢビジネスやテラハ騒動を奇貨として、不安定性をうまくコントロールした経営戦略が今後求められるのは間違いない。その際に参考となるのが「安定性」を貫いている宝塚歌劇の経営学であることは逆説めいているのだが。

要するに、安定と不安定の間隙を埋める要素の創出が必要となる。宝塚歌劇においてはそれは「男役」という「虚構」であった。

では、一般化する際の間隙を埋める要素とは一体何か。それは俗な表現で恐縮なのだが「ありそうでないもの」と私は考える。

コミュニティビジネスへの展開

さて、アメリカを代表する社会心理学者ロバート・チャルディーニの著書『影響力の武器』シリーズが日本でもロングセラーになっている。

「人間は社会的生物」と言われる。社会とは、自分一人だけでなく、他者が存在することで成立する空間である。人間の暮らしとは、意思決定の連続である。どの会社に就職するのか、誰と結婚するのかといった大事から、今日の昼食は何を食べるのかまで。

そんな意思決定の場面で、我々は各自、経済学の言う合理的意思決定を行っているわけではなく、むしろ自分の周囲に存在する他者の影響を受けている。

例えば、洋服の色の選択においても、自分自身には「青色」が似合っていて、それを購入する前提で店頭を訪れても、傍らにいる恋人の「あなたには赤がお似合い」というつぶやきで容易に意思決定は覆されるであろう。

それは、自分自身の意思決定がもたらす満足度よりも、恋人（他者）の意思決定を優先することによる「中長期的な」満足度の方を優先するという社会的意思決定に基づいている。

その選択の方が満足度が高く、なおかつ長続きする。なぜかと言えば、自分自身（「個」）よりも自分自身＋彼女（「塊」）の方が、相乗効果も上乗せされるからである。その「サイクル」が反復することにより恋人同士（「塊」）の絆は深まり、独特の「世界観」が醸成されていく。

その「塊」が「社会」を構成しているゆえに、人間は社会的生物と称されているのであろう。こういった文脈からも、「塊」＝「コミュニティ」をビジネス展開の基盤に置くという発想は的を射ているものと考えられる。

新型コロナウイルス感染拡大防止の観点から実施された外出禁止を伴う「自粛生活」、この経験から人類は改めて社会、コミュニティの重要性を学んだ。したがって、ウィズコロナの世界では、一層コミュニティビジネスが脚光を浴び、ビジネスの主流へと歩みを進めるはずである。

コミュニティは「世界観」を共有する

エンターテイメント業界では「続編」がメインストリームの一つとして定着した感がある。その根拠も上記のごときコミュニティビジネスの重要性から解読できる。

一例を挙げよう。テレビ朝日系列のテレビドラマ「相棒」である。

２０００年に放映が開始されたこの刑事ドラマは、シリーズを重ねて昨年度（２０１９年度）に「ｓｅａｓｏｎ18」が制作、放映された。要するに、この20年弱で18作の「続編」が制作されたのである。その根拠は何か、言うまでもなく「ヒットしたから」である。

ではなぜ、「続編」は制作されるのか？　それは先述した興行界での「ロングラン」の仕組みと事業構造が同じであるからだ。つまり、コストに占める固定費の比率が高いため、コスト回収のためにはある程度の上演（放送）回数は必要となる。

一方で、限界費用は一般的に少額で済み、回数を重ねれば重ねるほど平均費用は低減していく。

興行作品でも、「相棒」のようなテレビ番組でも構造は同じだ。ではなぜ、平均費用は低下していくのか？

実態として、原作者をはじめ、スタッフや主要キャスト等に変化がないため、一般的な企業活動で重視される（信頼確保のために概ね多額にならざるを得ない）「サーチコスト」が大きく下がる、回を重ねて視聴者に認知されるため、販売促進費用も低減可能といったことが挙げられる。

他方、「実態」（コスト削減という明示的な要素）だけでなく、否、それ以上に重要な事象は、回を重ねる、シーズンを重ねることにより「相棒ファンコミュニティ」が形成されることだ。

人気ドラマ、長寿ドラマでは、昔の「水戸黄門」も今どきの「相棒」でも変わらない「世界観」が形成されている。前者は「印籠」の登場で、後者は「紅茶」の登場で大団円を迎える。そこに至る「プロセス」から導出される「安心感」「信頼」のコミュニティ構成員による「共有」である。

それが「世界観」だ。それを共有するのが「コミュニティ」なのである。これが存在することによって、ビジネス的には「限界費用」が続編を重ねるごとに低減されていくのである。

「コミュニティ」は「世界観」を共有する「塊」なのであるから、極めて「同質性」が高くなる。同質性の高さは何よりマーケティングのしやすさを誘発する。そのメリットを企業側は最大限に享受できる。

宝塚歌劇経営も、「続編」のメリットを大きく享受している。テレビ業界でその有効性が確認されるはるか以前よりである。そう、宝塚歌劇の代表作と称される「ベルサイユのばら」である。「ベルばら」も度重なる続編の制作、上演によって独特の「コミュニティ」「世界観」を成立させている。しかも「オスカルとアンドレ編」「フェルゼン編」などといったメインストリームに加えて、「外伝ベルサイユのばら」といったスピンオフまで存在する。

まるで「相棒」と同様にシリーズを重ねる人気ドラマ「踊る大捜査線」のスピンオフシリーズを彷彿とさせるラインアップだ。

「ベルばら」もビジネスの構造としては、先述の「相棒」の事例と大して変わりはない。特異な点としては、宝塚歌劇は基本的に「男役スター」という特定の「虚構」（作品ではない点に注意）により「ファンコミュニティ」が形成されるが、「ベルばら」には作品そのものの「コミュニティ」が存在する点にある。

したがって、「ベルばら」では「男役スターコミュニティ」と「ベルばら（作品）コミュニティ」が併存する形となるので、より一層チケット争奪戦が激しくなるのである。

AKBの
ビジネス戦略の特徴

このように、今後のコミュニティビジネスに対しての、エンターテイメントビジネスから送られる示唆は非常に大きいことがご理解いただけたと思う。

余談ではあるが、ＡＫＢビジネスが破綻した根拠は、ビジネスモデルが宝塚歌劇を模倣したものであったとしても、この「世界観」を醸成できなかったことによる。「世界観」のベースの一つはコミュニティ内の「信頼」関係醸成にあるのだ。

ＡＫＢのビジネス戦略の特徴は、ファンコミュニティに大いなる自由度を与え、経営の意思決定にまで介入させた。例えば新作ＣＤの主役（「センター」）をファンによる「総選挙」で決めるといった戦術だ。

総選挙の投票券はＣＤに付随している。「プロ野球チップス」への「選手カード」付随と同様の戦術だ。顧客はチップス、ＣＤを購入しているのではなく、選手カード、総選挙の投票券（＝自分の推すタレントの地位向上）を購入しているのである。

一時期、学生がＣＤを大量に購入したことが大きな社会問題となったことを記憶されている方も多いことと思う。ＡＫＢ商法といった呼称で物議をかもしたものである。

結果的に、ファンに与えた自由度がファンを細分化し、それぞれのファンコミュニティが互いに争う構図を形成することによってＡＫＢビジネスは、「アンチがアンチを呼ぶ」「コミュニティ内部の信頼性を毀損する」状況に帰結したのである。

情報社会論的に、我が国のネット社会の特徴は「ネガティブ」「悪口」「アンチ」「炎上」に代表されると思わざるを得ない状況であるため、このAKBビジネスの破綻は今後のコミュニティビジネスを考えるうえで、大きな示唆を与えると言えよう。

それはさておき、成功したビジネスモデルは必然的に非競合的であるために他社に模倣される。模倣の末に同質化競争に巻き込まれれば、先行者といえども利益率は低下していくことに変わりはない。

では、今後における「コミュニティビジネス」の進化系の創造にはどのような要素が必要となるのだろうか？　その回答は宝塚歌劇経営の中に存在する。

「世界観」こそ、顧客とともに創造するものであるから、それは「未完成」でよいのである。

そもそも「世界観」とは何か？

コロナ禍を乗り越えた先には、進化したコミュニティビジネスの沃野が広がっている。ただし、それは従来の単なる「絆」「連帯」といったキーワードでは捉えきることはできないものであろう。

なぜなら、ビジネスである以上、長期的に継続・発展させねばならないという当たり前の事実を再確認せざるを得ず、また、コロナ禍でより一層拡大する格差問題を経済的側面だけでなく、倫理的側面からも縮小方向に誘導可能なメッセージが必要とされるからだ。

このような状況下でメッセージ性の強いキーワードとなり得るのが「世界観」（の共有）である。世界観とは、単なる知的理解を超えた情意的な理解をも包含しており、世代や階級を超えた深耕化が期待できる概念である。

知的理解を超えた情意的理解をも包含した状態はすなわち、信頼関係にほかならない。商行為の基盤にある信頼関係とは、品質や価格にまつわるものであったが、資本主義の成熟とともに、それらは達成されつつある。

品質で差別化することはもはや困難であり、グローバル化の進展によって、価格競争の末路は勝者なき世界へ必然的に到達する。このような知的理解をベースにした差別化はすでにあらゆる業界で限界に達している。

ゆえに今こそ、「世界観」を共有した「コミュニティ」構築をベースにしたビジネスモデルを構築する必要があるのだ。そのヒントは宝塚歌劇経営の中に見出すことができる。宝塚歌劇の具体例を理解したうえで、世界観構築へのヒントを探りたい。

「世界観」は顧客との「価値共創」でできあがる

ウィズコロナ時代の経営戦略における重点ポイントとして「世界観」の構築を挙げたわけであるが、その「世界観」が有すべき特徴について、宝塚歌劇を事例にしながら紹介してみたい。

それは、なんといっても「価値共創」にある。これを理解するためには、「価値」と「共創」についてそれぞれ突き詰める必要がある。先述した点だが、重要なので繰り返し記述することをお許し願いたい。

まず「価値」とは何か？　その定義は様々あろうが、結果的には「満足感」と変換できるのではないか。

資本主義の黎明期には「所有」価値が、その成長期には「使用」価値が、そして成熟期の現在は「経験」価値が重要ポイントとなり、すなわち「価値」（顧客満足）の構成要素は転変している。

ここで注意を要するのは、「所有」であれ、「使用」であれ、「経験」であれ、我々はその「価値」の居場所を「個人」に限定するという先入観に囚われてしまうことだ。慎重に考えれば、価値は個人だけでなく、「塊」（＝コミュニティの元素）にも存在するはずである。

このことは言い換えれば、同じ対象であっても、個人とコミュニティでは「価値」に相違が発生することが考えられる。例えば、恋人との食事によってもたらされる「価値」を考えてみればいい。

恋人を喜ばせる（＝本人も喜ぶ）ことが当該行為（食事）の求める価値である。そのため、本人はサーチコストをかけて価値を実現するための店舗や料理を開拓する。そして下見のうえ、実食して本人として満足、価値を実感して意思決定をする。

さて、デート当日、その店舗に恋人を帯同し、ともに料理を食べるわけであるが……。

本人はすでに下見にて店舗の料理を実食しており、その価値を十分認識しているわけであるから、その高い評価は揺るぎないことになるはずだが、果たしてそうだろうか？

下見の際の本人の顧客満足（＝価値）の源泉は無論料理の質であるが、デート当日の本人のそれは料理の質「だけではない」。つまり、コミュニティ形成者（恋人）の「評価」も影響することは疑いない。

むしろ、料理の質よりも、そのシチュエーション（「文脈」）上はコミュニティ形成者の評価の方がはるかに重要であろう。いくら料理の質（下見で本人が満足した点）が良くても、恋人の評価が低ければ、料理自体はなんら変わらないのに本人にとっての「価値」（顧客満足）は一転して暴落することは理解できるであろう。

このように、「価値」の定義もより塊＝コミュニティに依拠したものにシフトしていかねばならないのである。「料理の満足度は何を食べるかではなく、誰と食べるかで決まる」のであって、これは料理に限らず、一般化できる法則となり得る。

今後追求されるべき価値は、シチュエーション＝文脈によって変わり得る「不安定」な「価値」なのである。

「プロセス消費」に差別化の源泉がある

「価値」の定義がなされたところで、続いては「共創」である。

「共創」とは言うまでもなく生産者側だけでなく、消費者側も含めて共に価値を創造していくことを意味する。ただし、その消費者とは、上記の通り個人もあれば「塊」（＝コミュニティ）の場合もあり、今後はこの点についても後者に重点を置くべきなのである。

ここまではご理解いただけるとして、重要なのはこの先である。であれば、「共創」するべき事象とは一体何か？　ポイントはここである。

共創すべきは最終製品（サービス）だけではなく、むしろそれに至る「プロセス」なのである。成熟した資本主義社会ではもはや品質では差別化は不可能である。そして価格競争はグローバル社会では勝者なき戦いになることはすでにご紹介した通りである。

非価格競争とは、従来の定義では品質のほかに機能やデザインや包装、アフターサービス等が挙げられるが、今後の主眼はそれらをすべて包摂する「プロセス」に向けられるべきだ。

その根拠は、プロセスとはいかなる生産行為にも普遍的に存在するものであるから、プロセス消費には新規コストは発生しない。一方で、個々別々のプロセスを消費対象として顕在化できれば、それは差別化につながる可能性が大きい。

つまり、先述のブルーオーシャン戦略の特徴を有する戦略構築、実施が可能となるのである。

また、最終製品・サービスの品質に付帯する「所有価値」「使用価値」には、一定のハイクオリティという尺度が存在するが、プロセスに付帯する「経験価値」「文脈価値」には多彩なバリエーションが生まれるのである。

先にご紹介した「サービス業の4要素」の中の「不安定性」の出番である。品質にまつわる「所有価値」「使用価値」には不安定性の除去、すなわち安定化が必須条件であるが、プロセスにまつわるそれにはむしろ、不安定によるバリエーションの多彩さが求められる。

ＡＫＢビジネスが脚光を浴び、一時期とはいえ成功を収めたのもこのプロセス消費＝不安定性のマネジメントに秋元康プロデューサーが着目して、ビジネス化できたゆえである。有名な「握手会」において、同じファンが同じタレントに対して「昨日の握手と今日の握手は別物」と表現したごとくである。

以上のように、「共創」すべき対象は「プロセス」の方にこそ存在する。盛んに企業がマーケティング戦略の一環として、様々な「ペルソナ」を設定したうえで「カスタマー・ジャーニー・マップ」を作成しているのは、言い換えれば品質・価格でなく「プロセス消費」に差別化の源泉を求めていることを表しているのだ。

「虚構」はどこまでも「未完成」

それではここで、「プロセス消費」→顧客との「価値共創」→「世界観」の構築について、宝塚歌劇の「男役」を事例として、その実態を考えてみたい。

逆説めいているが、顧客との価値共創によって構築される「世界観」は決して完成させてはならないのである。むしろそれを「サイクル化」する好循環を形成させることにより留意すべきである。

宝塚歌劇「男役」のビジネスにおける魅力とは、女性ファンの眼から見ての「実存しない理想の男性像」＝「虚構」が構築され、消費対象として崇拝されるところにある。

そしてその最大の特徴は、顧客の評価の対象が芸事のレベルではなく、「男役という虚構」の成熟度にあることだ。いわゆる「男の色気」「ダンディズム」等々の言葉で表現される指標である。

また、この評価レベルは、顧客自身の宝塚歌劇が有する「世界観」への成熟度が進化するにつれ、同様に進化を続ける。すなわち、一般的に人間の欲望が無限大であるのと同じく、理想の男性像は常に揺れ動き、進化を続ける。

つまり、ファンの男役に対するニーズは卒業（退団）の日をもって終了するわけであるが、在団中は進化を続け、その「世界観」は決して完成されることはないのである。完成品が存在しない、否、顧客がそれを求めていないとすれば、彼女たちは一体何を目的に消費活動を行っているのだろうか？

その回答が男役としての成長を伴走しながら見守る「プロセス」なのだ。自分自身のカスタマイズ化された理想の男性像に進化するプロセスに伴走することが宝塚歌劇ファンにとっての「経験価値」なのである。

すなわち、このプロセス消費の局面でファンは宝塚歌劇の「世界観」への関与度を高め、その「価値」を「共創」していると言える。そのカスタマイズされた「虚構」へのまなざしが、特定の男役に向け直されたときに「塊」となって強固な「コミュニティ」（ファンクラブ）が形成される。

このように、消費対象が「世界観」に至る「プロセス」であるため、逆説的ではあるが、この商品は完成させてはならない。完成させると、その瞬間にビジネスが終了してしまうのである。

若者を中心に、男女を問わず幅広い年齢層に受け入れられている「ゲーム」も同じ構造である。容易にゴール（完成品）にたどり着く構造にはなっていないし、また、消費者も決してゴールすることを望んでいない。その果てしないプロセスを消費しているのだから。

宝塚歌劇の興行主催者である阪急電鉄は、作品制作に伴う一次商品としてのチケット販売に加えて、このプロセスの要所要所でＤＶＤ、ＣＤ、各種グッズといった二次商品、三次商品を男役スターごとに投入することによって安定した収益構造を構築しているのである。

「モノ」の価値は「経験」「プロセス」に付随しているのだ。

そして、最後に指摘すべきは、宝塚歌劇経営の特色を企業経営へ一般化するにあたって実は最も重要なポイントなのであるが、このビジネスモデルは「サイクル化」していくことを指摘したい。

宝塚歌劇の男役もいつかは卒業（退団）の日を迎え、ファンも基本的に同じく退団日をもって当該男役のファンを卒業する。トップスターの退団日となれば、劇場の周りを万単位のファンが取り囲んでの退団セレモニーが全国ニュースとなるが、これが「プロセス消費」の終着点となるのだ。

しかしながら、一人のトップスターの退団で宝塚歌劇の消費プロセスは断絶してしまうわけではないのだ。

つまり、トップスターの退団によって、その座は2番手、そして次は3番手へと「禅譲」されていく。2番手、3番手には当然のことながらそれぞれ異なるファンコミュニティが存在し、同様のプロセス消費を循環させている。

一方、退団した男役を応援してきたファンのうち、かなりの割合が、別の「若手」スター候補の応援に回り、そのプロセス消費の循環に復帰してくる。長年、特定の男役のプロセス消費に身を置いた心地よさをいったんリセットするものの、他のエンターテイメントにブランドスイッチすることなくプロセス消費の現場に復帰するのである。

なぜ「復帰」してくるのか？　経営学的に考えるとそれは、ファンが無意識のうちに「サーチコスト」を削減、すなわち消費行為におけるストレスを回避した結果なのではないだろうか。

宝塚歌劇の顧客層はその唯一無二の世界観に浸り、特定の男役のファンを卒業しても、その長年にわたるプロセス消費において満足感を高めているため、あえてサーチコストをかけてまで、ブランドスイッチしないのではないかと考えられるのだ。

このように、宝塚歌劇のビジネスモデルの大きな特色は「サイクル化」にある。先に指摘したテレビドラマ、映画等の続編制作と同じ構造であり、この点を理解できれば、あらゆる業種のビジネスに一般化が可能なのではないだろうか？

「なじみ深さ」と「目新しさ」のバランスを取りながら、サイクル化させていくのである。

続編が制作される作品の背景には顧客の「安心感」＝「信頼」がある。傍から見ればマンネリ化であろうが、それが累積されることによって「世界観」がキャスティング等、作品の構成要素並びに顧客によって共創されていく。そういった作品には完成品、ゴールはない。

ファンはそれを望んでいないのであるから、必然的に消費はサイクル化され、その実態はプロセス消費となるのだ。

いかにリピーターを育てているのか？

上記のように、宝塚歌劇経営モデルの根幹には様々な「サイクル化」の仕掛けがある。そのサイクル化の帰結の一つが「リピーター」の創出、育成という宝塚歌劇経営における大きな特色へとつながっている。

経営学的に見て、リピーターとはどのような存在か？　言うまでもなく、コストパフォーマンスの高い優良な顧客である。リピーターには販売促進コストが大してかからない。それなくしても、顧客側から勝手に商品・サービスを購入するのだから。

言い換えれば、リピーター消費で事業経営を成立させれば、顧客の新規開拓の必要性が小さくなる。すなわち、前節で指摘したサーチコストがかからなくて済むのだ。マーケティング理論上でも、顧客「保有コスト」の方が、サーチコストよりも極めて少額で済むことは明確に示されている。

宝塚歌劇事業が、興行界の王道と言えるロングラン興行システムを採用せずに、１００年を超えて継続、成長している主因の一つがこのリピーターの存在にある。

では一体、宝塚歌劇経営において、いかにしてこのリピーターを創出、育成しているのだろうか？

その回答は、宝塚歌劇ファンの間で「格言」となった感さえある「初日見て、中日見て、楽見て」（同一の演目を同じ人間が何度も繰り返し観劇する）という言葉に凝縮されている。この宝塚歌劇独特の「格言」を読み解いていこう。

読み解きの前提条件として、ここでもロングランをしないという宝塚歌劇の興行戦略が浮かび上がる。ロングランをしないということは、各作品興行に上演回数の上限が存在することとなる。現実的には宝塚大劇場、東京宝塚劇場ともに50回程度が標準だ。

となれば必然的に、発売されるチケットの枚数にも上限が発生する。劇場のキャパシティは固定されているからだ。

宝塚大劇場の客席数は約２５５０席、ということは各興行のフルキャパシティはおよそ12万７５００席あまりとなる。同様に計算すると、東京宝塚劇場は客席数約２０６５席ゆえに、大劇場よりもさらに少ないフルキャパシティ10万５千席弱となる。

この限定された席数を確保すべく、ファンの方々がチケット争奪戦を展開し、揚げ句「タカラヅカはチケットがなかなか取れない。しかも初心者（新規顧客）にとっては至難の業」という世間一般の常識のようなものができあがっている。

宝塚歌劇の代名詞の一つである「ファンクラブ」の存在も、この過酷なチケット争奪戦に勝ち残るために創出された塊・コミュニティといった捉え方もできる。ファンクラブに所属すれば、複数回観劇できる可能性は格段に高くなるのである。

さて、この限定された公演回数の中で宝塚ファンは「初日見て、中日見て、楽見て」を実行せねばならない。そんな顧客側の目に見えないプレッシャーを興行戦略が増幅し、結果的にリピーターの創出、育成へとつながっているのである。

「初日見て、中日見て、楽見て」を分析すれば、宝塚歌劇ファンがどこに着目してその消費活動を実践しているか？　つまり、宝塚歌劇のどの要素に投資をしているか？（お金を払っているか？）が理解できる。

それは、公演期間におけるお目当てのスター（生徒）の「成長度合い」なのだ。

その「成長度合い」も、歌唱力やダンス力といった「品質」だけではなく、むしろ「男役」としての色気であるとか、小道具や衣装の「捌き方」であるとか、生徒の醸し出す雰囲気＝「世界観」で測られるのが宝塚歌劇の特徴である。

つまり、上演回数を重ねることで磨き上げられる男役の「世界観」という「プロセス」をファンは消費しているのである。それが「初日見て、中日見て、楽見て」の読み解き方なのである。

最初から完成品が提供されているのであれば、何度も繰り返し観劇する需要は大して高まらないであろう。

そして、この「プロセス消費」が次回の公演、その次の公演と、退団まで繰り返されていくことによって、リピーターが育成されていくのだ。

ゆえに宝塚歌劇では、「虚構」である男役の成長度合いを公演に乗せてファンに提示しているのであって、決して技の巧拙を見せているわけではないのである。したがって、宝塚ファンにとって完成品とは、品質のことではなく、プロセス消費の終点、すなわち退団のときに現出しさえすればよく、それまでのプロセスは未完成なままでもよいのだ。

ということは、本節の標題……いかにリピーターを育てているのか？　は厳密に言うと宝塚歌劇経営の場合、正しくない。ファン自らが自主的にリピーターと化していっているのである。

したがって、興行主催者の阪急電鉄にとっては、販売促進コストが限りなく少額で済む、つまり利益率が高くなる理想的な環境が形成されている。極論すれば、勝手に形成されるリピーターがトップスターの代替わりごとに現出する目下のビジネスモデルをいかに守るかが最大の経営課題となる。

新規顧客の開拓は、どの企業にとっても重点課題であり、かつ競争が激しくなかなか達成できない困難な課題である。

ところが宝塚歌劇経営では、サーチコストがかかり、なおかつ競争力の源泉である「世界観」を揺るがせかねないニューカマーの到来は、阪急にも、そして何よりも既存のファンにとっても迷惑な話と言えるかもしれない。なんという理想郷か！

宝塚歌劇に男性顧客が少ないことも、これでご理解いただけると考える。今のところ、タカラヅカにとって男性は「招かれざる存在」と言えよう。

なぜ熱狂的ファンは周りを巻き込むのか？

とはいえ、トップスターの「代替わり」に伴い、離脱するファンも当然存在し、その補充策を企業としては考えねばならないが、実は阪急は「ここでも」大きなコストをかけることなく新規顧客を獲得している。動いているのは既存のファン、その人たちである。

なぜファンが自ら動くのか？　それは宝塚歌劇の「世界観」を自らの手で守り抜くためである。

我々人類は、単独で生き抜くことは困難で、いずれにしても「他者」との関係性によって「社会」を形成している。また、我々の経験則として、物珍しさすなわち、限定感が大きいほど、その情報を他者に伝達したがるものである。

ＳＮＳ全盛の今日、情報量が飛躍的に伸びたことにより、企業活動に大きな可能性が生まれたように見える。

しかしながら、人間の脳の処理能力には限界があるため、情報が生態系の中で生き残り、それが消費にたどり着く確率は、ＳＮＳ興隆前夜よりもむしろ小さくなっているとさえ言えるのではないか？

このような環境下、商品・サービスの「限定感」、すなわち差別化要素が大きいほど生態系を生き延び、他者に伝達してもらいやすくなるのは道理であろう。

宝塚歌劇の場合、ここまでに検証した通り、差別化要素とはすなわち「虚構」としての「男役」であるから、その唯一無二性をファンは他者に伝達したくなるのである。

では、他者であれば誰でもよいのだろうか？

そこでフィルターの役割を果たすのが「世界観」なのである。その「世界観」を共有する「塊」がコミュニティなのであった。コミュニティとは居心地の良い空間でなければならないから、自然と「同好の士」が集積することになる。

宝塚歌劇事業の場合、「男役」のファンコミュニティの構成員はほとんどが女性である。男性はその「世界観」を共有する対象ではないため、「世界観」を自ら守るため、また「世界観」を永続させるために彼女たちは同性の女性ファンを増やすべく行動するのだ。

「期待のマネジメント」が新規顧客の満足度を高める

新たに「世界観」に囲い込まれる女性たちは当然、宝塚歌劇に対する事前の「期待値」は低い。なぜなら、宝塚歌劇は対外広報を全くと言っていいほど実施していないから、事前学習が困難である。その品質に対して具体的な期待感が醸成されにくいシステムなのである。

宝塚歌劇経営において、販売促進に関するコストがほとんど発生しない仕組みはすでにご紹介したが、その根拠は、このような既存顧客による新規顧客開拓が大きく寄与しているからである。

宝塚歌劇に限らず、企業のマーケティング戦略における「期待のマネジメント」は、その事業の成否に大きく関係してくる。どんなビジネスであっても、我々の満足度は事前の「期待」と事後の「効用」のバランスに全面的に依存しているからだ。

事前の期待を高めすぎると、効用とのバランスが過度に期待に偏り、高い効用を実現できたとしても、顧客の満足度は想定通りの高さに到達できない可能性が高い。

顧客の満足度の高低が、当該商品・サービスを顧客がリピートするか否かに決定的な影響を与えることは自明の理である。

ゆえに、宝塚歌劇経営では上記のような広報宣伝戦略、現役生徒のＳＮＳ利用禁止等、いわゆる「情報の非対称性」を的確にコントロールすることにより、新規顧客の期待値をいたずらに高めることなく、さらにその新規顧客開拓を既存顧客に委託することによって販売促進コストを極小化することができている。

さらにそれが、既存顧客の顧客満足度向上につながり、さらに差別化要因である「世界観」を顧客の手で守り抜くという、極めて効率的なサイクルができあがっているのだ。

期待値が低レベルのまま公演を実体験した新規顧客は、高い効用とのバランスの崩壊に戸惑うが、その戸惑いや隙間を同行した既存顧客が観劇後に即座に埋める。

これにより、新規顧客はタカラヅカの「世界観」に触れ、ファンコミュニティの仲間入りを果たすのだ。これが宝塚歌劇経営における「価値共創」の実態の一つである。

このように、宝塚歌劇経営のマーケティング戦略においては、「クチコミ」の比重が大きいのがわかる。ＳＮＳ全盛の時代に意外と思われるかもしれないが。

我々にとってＳＮＳのもたらす効用は絶大である。もはやＳＮＳ抜きの暮らしなど考えられないであろう。

先述した「テラハ騒動」のごとく、ネガティブで、いったん炎上するとコントロール不能になるＳＮＳに過度に頼ることなく、顧客自身の「クチコミ」によって新規の顧客開拓を行うアナログ性が宝塚歌劇経営の屋台骨を支えている。まさに顧客同士の、また阪急と顧客の「価値共創」なのである。

プロセス消費の実例
「あきた森の宅配便」

さて、本章の締めくくりに「プロセス消費」戦略成功の一般化事例を紹介したいと思う。

秋田県にある地域商社の一つ「株式会社あきた森の宅配便」の事例研究である。同社のホームページを参考にしながら論を進めたい。

あきた森の宅配便とは、秋田県鹿角郡小坂町という山間の小さなコミュニティで展開される、２００６年創業の山菜の通信販売事業である。

山菜をインターネットにより、首都圏をはじめ全国へ販売するというビジネスモデルでは、他社との差別化が困難であることから、同社は事業そのものの定義を大胆に変更した。

ビジネスを山菜の直販事業ではなく、「天然山菜採りの代行サービス」とポジショニングし直したのである。

これにより、あらかじめ収穫した山菜をパッケージ化することはせず、顧客から受注した「後に」収穫するという風に「プロセス」を逆転させた。

さらに、カスタマイズされた注文に応えるというストーリー展開から、収穫にあたる地域の高齢者を「山の名人」と位置づけて、企画だけでなく販売面でもユニークなプロセスを構築している。

すなわち、地域の高齢者が顧客に山の恵みを「おすそ分け」するという美しい物語が形成され、顧客は山菜の品質（他社と差別化困難）ではなくむしろ、カスタマイズされたプロセスを消費するという新しいビジネスモデルに変貌したのだ。

すでにご紹介した宝塚歌劇経営とは、「男役」という徹底的な差別化要因の存在と、それに対する、顧客一人一人のカスタマイズされたプロセスを消費させるというビジネスモデルにおいて共通項が存在するのが明確であろう。

地域の高齢者が担い、地域にすでにあるものに新しい価値を付加（「ありそうでないもの」の創出）し、地域創生に経済的に寄与するという意味では、先行する徳島県勝浦郡上勝町、株式会社いろどりの「葉っぱビジネス」という有名な事例も存在する。

双方ともまさに、「なじみ深さ」と「目新しさ」の絶妙なバランスを実現しているのだ。

秋田の事例は、それに加えて顧客の個別要望に応えるという「プロセス消費」の要素を付加した。カスタマイズされ、なおかつ山の名人が代行するというストーリー展開が重なり、その結果、高単価、高利益を実現している。

また顧客は、山の恵みのおすそ分けを受ける、すなわち、計画的に栽培、生産されたものではないことを承知したうえで参加しているため、実際に注文した商品（山菜）が手に入るかどうかという「不安定性」も含めてそのプロセスに期待感を膨らませる。

この「不安定性」を含んだプロセスさえも顧客にとって魅力であることも、宝塚歌劇のビジネスモデルに共鳴する点だ。つまり、完成品（品質）に依拠しない、むしろ未完成なプロセスに顧客が価値を感じ、価値を共創しているのである。

この「あきた森の宅配便」や宝塚歌劇の事例のように、「すでにあるもの」（あきた森の宅配便では、山菜の恵みと元気な高齢者）を「新結合」させ、「ありそうでないもの」（宝塚歌劇では「男役」）を構築するのが「プロセス消費」の醍醐味なのである。

経営戦略の根幹は マーケティング

以上が宝塚歌劇の「世界観」構築に至るプロセスであり、ビジネスモデルであり、宝塚歌劇経営におけるマーケティング戦略のポイントとなる。

マーケティングの定義とは、すでに存在する商品・サービスをいかに売るかから、顧客の欲している商品・サービスをいかに創造し、提供するかへと進化していると述べたが、その哲学は、私自身の宝塚歌劇経営に携わった経験から発出したものである。

成功のカギは、最終商品・サービスのレベルよりもむしろ、顧客との価値共創を通じたプロセス消費にある。

商品・サービスの「購入」、すなわち売上計上をもってビジネスが終わるのでなく、それに続く「使用」「再生」「廃棄」まで包含した企業経営戦略の構築がもはやいかなる業界でも必須となっている。

ゆえに、その思想を一歩進めて、顧客との価値共創を通じたプロセス消費という概念は一般化することが可能なのである。

ポイント❶

リピーターを生むには「プロセス消費」「文脈価値」を重視し、「不安定性」を包摂したコミュニティを創造し、マネジメント＝「サイクル化」することが重要

ポイント❷

良質なコミュニティで共有される「**世界観**」**は、収益性を高めるだけでなく、今後の競争戦略の要**となる

ポイント❸

「未完成」であれば、それを「サイクル化」することにより、収益性の

より高いビジネスモデルが構築可能となる

ポイント❹

「コミュニティ」ビジネスモデル構築、運用の根幹には、知的理解を超越した、**情意的理解も含む「信頼」という概念を据えるべきだ**

第3章

宝塚歌劇団の人材育成

――ブランドマネジメントこそが人を育てる

唯一無二を支える宝塚歌劇のマネジメント

前章まで、なぜ宝塚歌劇が唯一無二の存在として１００年以上も生き残っているのかについて説明した。それをベースに一般化すると、以下の通りとなる。

経営戦略の要には、卓越したマーケティング戦略の存在がある。そして、マーケティングの定義を見直し、潜在的な顧客ニーズを顕在化させる「ありそうでないもの」を顧客に想起させる商品・サービスの必要性を示してきた。

それを実効あるものとするための必要十分条件が、顧客との価値共創であり、そのプロセス全体をいかにデザインし、マネジメントするのかが勝負の分かれ目になるのである。

例えば、演劇やコンサート等のエンタメ業界において、コロナ禍の影響によりライブ収入が減少している中、ライブ配信やタレント公認グッズのネット販売といった新機軸が展開されてきている。これらもまた「プロセス消費」「コレクション化」「経験価値」といった顧客との価値共創につながるマーケティング戦略そのものと言える。

ゆえに、「3密」など関係ない「プロセス消費」を発想の中心に据えれば、ウィズコロナの時代になっても、もっと戦略の幅が広がるはずである。

それでは、その宝塚歌劇の経営戦略を支える人材はどうやって育つのか。人材育成は企業戦略の中でも重要な位置づけにある。

本章では、宝塚歌劇の人材育成について、ブランドマネジメントの視点で解読していく。宝塚歌劇経営の大きな特徴は、人材育成プロセスとブランドマネジメントが一体となっているところにある。

なぜなら、顧客との価値共創を実現させるために、それが必要十分条件だからである。

ブランドの定義

まずは、ブランドの定義である。一般的には以下の3点が挙げられるであろう。

① 識別機能

②意味づけ、象徴機能

③出所表示・品質保証機能

それぞれについて詳しく説明しよう。

まず1点目は、類似商品・サービスから差別化するための「①識別機能」だ。

続いては、当該商品・サービスに意味を与え、それを象徴するものとして「②意味づけ、象徴機能」。

最後に、実は宝塚歌劇のマネジメント経験を通して、現下の、そして今後のブランドマネジメントにおける最も重要な機能と考えられるのが「③出所表示・品質保証機能」である。

これは、当該商品・サービスの提供者から、消費者が持つ「期待」を裏切らないという「約束」の意思表示と定義できる。

ブランドの機能と問われて真っ先に思い浮かぶのは、差別化（①識別機能）であろうが、最も重要なのは、③出所表示・品質保証機能である。

なぜなら、資本主義の成熟段階にある今、もはや品質やデザインでの差別化は甚だ困難であり、たとえそれができたとしても、品質保証＝信頼性に欠けるところがあれば、一気に顧客はそのブランドから離反してしまう可能性が大きいからである。

そして、企業戦略との関係で重要なのは、その商品・サービスではなく、その「提供者」、すなわち企業そのものが評価対象となっている点にあることを覚えておきたい。

加えてこの定義では「期待」というキーワードが出てくる。これは既述の通り、マーケティング戦略の要諦の一つに「期待のマネジメント」があるからだ。

我々は商品・サービスの評価をするときに、無意識ではあるが必ず「事前期待」と「事後効用」のバランスで評価を下しているのだ。

一言で言えば、「期待外れ」とならぬように期待の醸成には慎重にならねばならないということである。そのリピート、積み重ねが「提供者」（企業）の「信頼」構築、維持、発展に直結するのだ。

ファンとの「信頼構築」

宝塚歌劇事業はファン（消費者）と宝塚歌劇団・阪急電鉄（提供者）との信頼関係で成立しているが、それは一般企業にも当てはまることであろう。

資本主義の成熟段階で、もはやどの業界においても商品・サービス本体の品質・価格での差別化は非常に困難である。ゆえに、消費者の選択は商品・サービス本体のその先にある「提供者」への信頼に左右される。

商品・サービス本体に瑕疵がなくとも、企業がなんらかの不祥事を起こせば、企業のブランドが傷つき、経営に大きな悪影響を与えた事例は枚挙にいとまがない。

社会的影響の大きかった近年の事例を一つ挙げれば、「かんぽ生命、ゆうちょ銀行における不適切販売」を記憶している方が多いと思われる。

70歳以上の比較的多額の資産を有する高齢者を狙い撃ちした保険や投資信託の不適切販売。顧客にとって不利益になることを理解していながら、商品を押し付けていたこの事件は、郵便局という社会インフラの持つ顧客の信頼を逆手に取った、極めて悪質な事件である。

真相が究明される間に、かつての郵政民営化による競争激化の環境下においての、営業部員への過大なノルマ設定などが一気に表面化し、加えて幹部の対応の拙さも相俟って大きな社会問題となり、かんぽ生命、ゆうちょ銀行のブランド、信用力は地に堕ちた。

企業の社会的責任（ＣＳＲ）遂行が企業生き残りの必須条件となる中、今後のブランドマネジメントにおいては、顧客との「信頼関係を構築、維持」することを核とした「差別化」「意味表出」を志向するべきなのである。

「信頼関係の構築、維持」が最大の関心事となれば、考慮せねばならないのは「顧客」とのロングタームでの良好な関係性構築となるのが必然ではないだろうか。前章での「コスト」問題をいま一度想起願いたい。

宝塚歌劇経営はまさにそれを最優先事項として実践してきたからこそ、１００年を超えて継続、発展しているのである。

そしてさらに、宝塚歌劇のブランドマネジメントの特徴は、「信頼」構築の手段として顧客との「価値共創」という戦略が埋め込まれているところにある。すなわち、顧客とともに未完成状態からブランドを育て上げていくという戦略だ。

宝塚歌劇経営では、人材育成のプロセスとブランドマネジメントが鮮やかに共振しているのである。その実態を見ていきたい。

人材育成とブランドマネジメントは一体

宝塚歌劇経営の差別化要因、すなわち競争力の源泉は、この世に本来存在しないはずの「虚構」

としての「男役」である。

ただし、「男役」としてファンに認定されるには「男役10年」と言われるように、長期にわたる熟成プロセスが必要となる。

そのプロセスにおいて「識別」「象徴」「品質保証」というブランド成立の三つの機能が整うようにマネジメントされていくのだ。

ただし、そのままでは真の「差別化」にまで到達するかは不明なままであろう。いかなる企業も、ブランドマネジメントには注力しているのであるから、その中で真の競争優位を勝ち取るには、もうワンランク上のブランドマネジメントを実施せねばならない。

そのための必要十分条件となるのが、顧客との「価値共創」という概念であり、消費形態としては高度な経験価値をもたらし、累積させていくプロセスを消費させる形態をとる。

宝塚歌劇経営の場合は、競争力の源泉である「男役」の人材育成「プロセス」そのものがブランド構築、維持、発展とイコールとなっている。したがって、そのプロセスにファン（顧客）を「伴走」させる仕組みを構築・実施できれば、「価値共創」が実現することとなる。

したがって、宝塚歌劇関連の商品は、一次商品（作品の観劇）からスタートして、「スターごと」（一般企業では商品ごと）に発生する節目に合わせて、ファン（顧客）の経験価値を補強するような、結果的に所有価値を満たす商品・サービスを投入される。

宝塚歌劇は「スターシステム」をベースにしているので、例えば「新人公演主演」「宝塚バウホール公演主演」「3番手」「2番手」、そして「トップスター」へという序列と節目がファンに明示されていると言える。

バウホール公演の主演を任せるには、ある程度の集客力が生徒本人もさることながらファンクラブにもなければならず、序列が上がるにつれてチケット販売能力だけでなく、二次商品、三次商品までが「力」の対象範囲となっていく。

ゆえに、そうした「節目」ごとにファンの「より確実な」購入が期待できる二次商品、三次商品を投入することで、一つの公演からもたらされる収益の幅を広げているのである。

SNS禁止にも理由がある

さて、宝塚歌劇では「男役」スターの成長プロセスそのものが顧客満足度を左右するため、現役の間はSNSを禁止する等のリスク管理を徹底している。

禁止する理由は、「男役」とはこの世に存在しない「虚構」との位置づけなのであり、それが他のエンターテイメントとの決定的な差別化要因になっているためだ。

すなわち、「虚構」であるはずの「男役」がいわば「俗世にまみれている」かのような情報をSNSで発信することは、ファンの「夢」を破壊し、顧客満足度を著しく落とすことにつながりかねない。

まさに、芸能事務所をはじめとするエンターテイメント業界のみならず、一般企業の多くがSNSでの情報発信に注力する中、宝塚歌劇団のこの政策は奇異に映るであろう。しかし、宝塚歌劇（扱う商品）に特有の差別化要因を守り、競争優位を保つためには必須の条件と言えるのだ。

この現役生徒のSNS禁止には、もう一つの理由がある。これもファンとの関係性を重視した結果なのであるが、上記のいわば理解しやすい根拠とは異なり、まさに宝塚歌劇経営ならではのものである。

それは、「ファンクラブ」と興行主催者たる阪急電鉄及び宝塚歌劇団の「WIN《ウィン》―WIN《ウィン》」関係に由来する。

「スター」と呼ばれる選ばれし者には、一般的な芸能事務所では、そのスケジュール管理を中心としたマネジメントを担当するマネージャーが存在することは広く知られていよう。

だが、宝塚歌劇経営にはマネージャーは存在しない。否、置く必要がないのである。なぜか？

その答えは「ファンクラブ」の存在である。劇場空間から一歩外に出れば、極論すれば興行主催者は「スター」の行動に関知しない。その任を担うのは「ファンクラブ」のスタッフである。

宝塚歌劇経営においては、こちらも他のエンターテイメントビジネスではあり得ないことに、「スターのプライベートはファンクラブにお任せ」なのである。

ファンクラブ側から見れば、スターのプライベートを「独占」することができているわけで、それを仲間内の限定されたメンバー間で共有することが、ファンクラブ幹部の大きなメリットになっている。

ゆえに、それを「一般に広く開示」するわけはないのである。

このようなことが、先に指摘した興行主催者である阪急電鉄、宝塚歌劇団とファンクラブの「ＷＩＮ―ＷＩＮ」関係を支えているのであって、危機管理徹底のために主催者側がその部分に手を突っ込めば、ファンクラブ側のメリットを大きく毀損することになってしまうのだ。

今再び注目される「ＳＤＬ」とは？

さて、人材育成とブランドマネジメントの一体化の重要性を広く一般化することも十分可能である。

エンターテイメントの場合は、キャラクター等の育成プロセスに焦点を当てやすいが、一般企業の場合は、その焦点を「従業員」に当てて、人材育成とブランドマネジメントの一体化を図ることが重要だ。

繰り返すが、資本主義社会の成熟に伴い、品質や価格では他者との差別化は甚だ困難となっている。そこで再び注目されるべきなのが「サービス・ドミナント・ロジック」（ＳＤＬ）という概念である。

マーケティングの世界を長年牛耳ってきたのは、いわゆる「アメリカン学派」で、その中心的な概念は「グッズ・ドミナント・ロジック」（ＧＤＬ）と呼ばれている。

詳細は、すでに様々な著書によって紹介されているのでそちらに譲るが、一言で言えば、生産者側と消費者側が、貨幣を媒介にして取引（交換）を完了した段階でマーケティングの果たすべき役割は終わるとのロジックなのだ。

ゆえに、交換対象の商品・サービス本体（＝グッズ）の優劣がビジネスの帰趨を左右するとの考えだ。よって、いわゆる「アフターサービス」や、近年、地球環境保護等で関心の高い「廃棄」といった購入後のプロセスは眼中にはないと言って差し支えない。

しかしながら先述の通り、品質や価格といった要素では差別化が困難となった以上、ＧＤＬの論理では、有効なマーケティングを実施することは難しい。ゆえに、これから援用すべきはＳＤＬの方なのである。

ＳＤＬの考え方においては、商品・サービス本体（グッズ）は、顧客が得られるべきサービス構成要素の一部分に過ぎない。すなわち、企画・開発といった「川上」や、購入後のアフターサービス、廃棄といった「川下」も包括的にマーケティング領域に含めなければならないのだ。

また、「川上」に目を向けても、品質で差別化が不可能な情勢のもと、マーケティングの定義も従来の「出来上がった商品・サービスをいかに売るか」（＝ＧＤＬ）よりもむしろ、「消費者が欲しがる商品・サービスを開発して提供する」（＝ＳＤＬ）ことをより重視すべきであることは自明であろう。

したがって、マーケティングという業務の専門部署を作り、担い手をそのスタッフに限定させるべきではなく、川上から川下まで、すべてのスタッフがマーケティングマインドを持って業務にあたる体制を構築すべきなのである。

その重要性を理解している企業は、新商品・サービスを世に出す際に「カスタマー・ジャーニー・マップ」を作成している。

商品・サービスの認知の段階から、顧客とのインターフェイスでの体験、検討、購入、使用、廃棄（交換）へとたどる一連の「経験価値」をいかに生み出し、その繰り返し（リピート購入）によって顧客一人一人のライフ・タイム・バリュー（LTV）をいかに最大化していくかに注力しているのだ。

これによって、より効率的な経営が達成できるとともに、強固な顧客基盤やブランドが構築され、最終的に利益率の高い、安定した経営が実現するのである。

このカスタマー・ジャーニー・マップに基づく経営戦略を完遂するためには、川上から川下までのすべてのスタッフにマーケティングマインドを持たせることが必要十分条件となるのだ。

したがって、スタッフの人材育成プロセスとブランドマネジメントの一体化が、いかなる企業においても今後さらに必要となるのである。

芸よりも
ブランドを埋め込む
「宝塚音楽学校」

宝塚音楽学校の存在をご存じの方も多いと思う。

毎年、競争率が高く、一時は「東の東大、西の宝塚」と称されたほどの難関校である。また、その合格発表のスタイルが「掲示板」を使用していることでも注目され、その光景は毎年全国に向けて報道される。

宝塚歌劇の舞台に立つための唯一の必要十分条件が、この宝塚音楽学校の卒業資格である。いくら容姿端麗で、芸事に通じていても、この資格がなければ宝塚の舞台には立てない。

学校では2年間の課程があり、日本舞踊、洋舞、歌唱、ピアノ演奏等、宝塚歌劇団入団後に必須の芸事の基礎とともに、宝塚歌劇の「世界観」を学ぶこととなる。

宝塚歌劇経営におけるブランドマネジメントは、この音楽学校在籍時から早くも始まっているのだ。

巷間伝えられる「音楽学校の生徒は阪急電車にも挨拶する」「校内の廊下は、直角に曲がる」といった一種の都市伝説も、宝塚歌劇経営における差別化要因としての「世界観」の重要性並びに、それがブランドマネジメントにつながると解釈すれば、あながち奇妙とは言えなくなる。

つまり、音楽学校では芸事よりもむしろ、この「世界観」を、「ブランド」を教え、伝え、埋め込んでいるのである。芸事の最低水準確保のために2年間が必要なのではなく、世界観の埋め込み、ブランドの醸成に必要な期間という解釈が正しい。

芸事だけで言えば、入学する生徒の大半がいわゆる宝塚歌劇ＯＧ等が主宰する「予備校」出身であることからも、わざわざ2年間を費やさずとも、即戦力として舞台に立つことは可能であろう。

それを選択せず、集団生活でしっかり世界観を埋め込むためには、「学校」というスタイルが必要なのである。

宝塚音楽学校を卒業すれば全員、芸事のレベルには不足はあっても、2年間の経験で「世界観」を身に付け、その凛としたたたずまいでそれを「体現」することができるようになる。

ブランドの埋め込みに力を注ぐ理由

ブランドの「体現」、それが今後のブランドマネジメントの目標となるのだ。これは宝塚歌劇だけに限った話ではなく、広く一般企業にも当てはまることだろう。

わかりやすい例を挙げると、企業が設置している「カスタマーセンター」「お客様窓口」の重要性だ。

消費者が商品・サービス本体を購入後、何らかのトラブルを抱えた場合の「窓口」として機能する部署である。その窓口を担当するオペレーターは、ほぼ正社員ではなく派遣社員が務めているのではないだろうか？

クレームをはじめとする本来、企業にとって重要なネガティブ情報を受け取る最初の窓口であるにもかかわらずである。

ここをスタートに、例えば部署間で顧客を「たらい回し」にする、長時間待たせる等の対応を取れば、顧客はその企業から離脱していくことは容易に判断できるであろう。我々自身も一度は経験しているはずだ。

従業員全員が常に顧客満足を志向することとは、換言すれば従業員一人一人がブランドを「体現」することなのである。

ブランドの機能の一つであり、最も重視すべき「③出所表示、品質保証機能」とは、商品・サービスだけでなく、それに直接的にも、間接的にも関わる従業員一人一人が体現して初めて成立することを、宝塚歌劇経営は教えてくれるのである。

究極のＯＪＴ

宝塚歌劇経営から導かれる、今後のブランドマネジメントの要諦として、業務に従事する全員がブランドを「体現」することの重要性を指摘した。

その意味するところは、人材教育におけるＯＪＴの見直しの必要性である。宝塚歌劇経営に立ち戻って考えてみよう。

宝塚歌劇の象徴である「男役」の頂点に君臨する「トップスター」。その選ばれし地位を皆が目指しているわけであるが、そこにたどり着くための必要十分条件として、「新人公演」の主役を経験することがある。

新人公演とは、上演されている宝塚大劇場（東京宝塚劇場）公演の芝居と同じ演目を、入団７年目以下の若手のみで、東西各１回上演されるレアな公演だ。そこで、トップスターの役を演じる若手が将来のトップスター候補と内外で認知されているのである。

新人公演は、本公演期間中の中盤以降に上演日が設定されている。本公演の初日が開くと、新人公演の稽古が始まり、若手にとっては、気が抜けない日々が続く。

本公演の芝居の各役柄に、若手が割り当てられるため、若手は本役を務める先輩の一挙手一投足を見つつ、公演終了後の稽古に臨む。稽古では当然、先輩から直接手ほどきを受ける場面があるので、まさに一般企業でのＯＪＴそのものと言えるだろう。

トップスターの教えを乞うということはすなわち、宝塚歌劇最高峰の「世界観」、つまり体現されたブランドを教授されるわけで、それが宝塚歌劇において、新人公演がトップスターへの最初の「登竜門」と言われる所以なのである。

期待を裏切らない

次に、宝塚歌劇経営におけるブランドマネジメントの特徴として、外部出演は基本的にＮＧというものがある。このところ、特に民放のバラエティ番組に宝塚ＯＧの出演が目立つが、現役の間に外部出演することはまれである。

その根拠は第一に、公演が連続して実施されるため、稽古→公演→休息の繰り返しというローテーションが定着し、ほぼスケジュールが空かないという物理的な事情がある。

これを打破するためには、「宝塚大劇場↓東京宝塚劇場」公演以外の地方公演等の時期に、組から抜けて参加させることは可能である。しかしながら、こういったケースもほとんど存在しないのが宝塚歌劇らしいところだ。

現役宝塚スターの特別出演とあらば、話題性もあって、制作側からのニーズは相当あるものと思われるが、宝塚歌劇団側には大したメリットはない。逆にそれは宝塚歌劇経営にとってリスクを抱えることになる。

なぜなら、宝塚歌劇特有の「スターシステム」の路線から一時的であっても外れる外部出演は、ファンとの信頼関係を損ねる可能性があるからだ。

宝塚歌劇のファンは、推している生徒の成長に伴走しながら、そのプロセスを消費している。外部出演はファンにとって、その価値共創にそぐわないプロセスと言え、宝塚歌劇団側の思惑如何にかかわらず、ファンにとっては信頼性を損なう行為と受け取られかねないのだ。

この点は、一般的な「ブランド拡張」論にも相通じるものがある。市場開拓に成功したブランドの成長過程で、様々な関連分野の商品・サービス等へとブランド拡張が意図されるが、それが既存顧客との信頼関係を毀損することにつながると、ブランド自体の浮沈にかかわる重大事を引き起こす。

ハーレーダビッドソンの「香水」や、トヨタ自動車の「ピンクのクラウン」等々、顧客がそのブランドとの間に構築してきた信頼を見誤り、安易なブランド拡張に走ると顧客の期待を裏切り、約束を果たすことが困難となるのだ。

ゆえに、宝塚歌劇が積極的な外部出演を志向しないのは、まさにブランドマネジメントの基本に沿った戦術といえよう。

誤ったブランド拡張

ファンとの信頼関係を損なう「ブランド拡張」は好ましくないという指摘をしたが、かつて宝塚歌劇団自身も同じ過ちを犯している。先述した通り、かつて宝塚歌劇の作品制作は、劇団員の芸の質向上を目指し、文化庁芸術祭賞の獲得を目指したことがあった。

私が宝塚歌劇関連の仕事を担当していた時期にお世話になった演劇評論家の方の回想である。話は宝塚歌劇の代名詞とも言える「ベルサイユのばら」初演の時期にさかのぼる。

「ベルサイユのばら」によって宝塚歌劇は全国区になったとたびたび指摘されるが、「ベルばら」上演前の宝塚歌劇の作品創りは試行錯誤の状況にあったという。

当時の演出家の先生方は、高木史朗先生、鴨川清作先生はじめ、「芸術祭賞受賞」（＝演劇として一般に認知されることを意味する）を目標として「オクラホマ！」「ウエスト・サイド・ストーリー」といった海外ミュージカルに挑戦していた。

しかしながら、著作権問題に阻まれ（＝トップスターを輝かせるという宝塚歌劇に必須な脚色が困難という意味）、作品としては評価されるものの、宝塚ファンにとってはフラストレーションがたまる状況が続いていたということだ。

つまりこの時期、スターよりも作品ありき（芸術祭賞獲得が目標）の作品制作姿勢がファンには評価されず、顧客数が激減した時期と重なる。やはり宝塚ファンは「脚本の内容より、スターが引き立って見えるかどうか」で評価する姿勢は不変であることの証明と言えるのだ。

こうした状況をその評論家は次のように評価していた。

「ベルばらを初めて見たとき、従来の芸術祭賞路線（＝大人のドラマ）との落差に唖然としました。しかしながら、なぜベルばらがヒットしたのかを考えると私なりの分析は以下のようになります。従来路線は男役のキャラクターを男目線で作る男尊女卑の世界観であったところに、当時としては臆面もなくラブロマンスを語る、フツーの女性目線で見たオスカルがファンにとっては新鮮であったということなのです」

つまり、高尚すぎる芸術祭賞路線ではなく、徹底したファン目線で元来の宝塚の世界観を再構築した「ベルサイユのばら」の演出家・長谷川一夫氏の審美眼は高く評価されるべきなのである。

長谷川氏の演出による、歌舞伎の見得を切る場面を洋物の宝塚歌劇に持ち込んだこともさることながら、小学校の女の子が見に来ても楽しめる作品を……との世界観、価値観が宝塚の独自性を際立たせたことも、宝塚歌劇のファン層を劇的に拡大させたことと併せて「ベルばら」の功績であると言えるのだ。

このように、順風満帆に見える宝塚歌劇もかつては、消費者側（ファン）のニーズよりも生産者側（作品制作側）の論理を優先する形での誤ったブランド拡張路線を歩もうとしたことがあったのだ。

スタッフも独自で育成

宝塚歌劇の人材育成・活用を通じたブランドマネジメントは、役者に限定されることなく、作品制作に関わるスタッフにも及んでいる。

対象は、ミュージカル作品制作において中心的役割を果たす、作家・演出家、音楽家、振付家、衣装及び道具のデザイナー等々である。演劇興行界では、それを「座付」と呼ぶ。

日本の興行界では、座付と外部スタッフを併用する傾向が強いが、宝塚歌劇の場合は一部を除いて座付スタッフの起用を基本とするところに大きな特徴がある。

特に作品制作の根幹をなす作家・演出家については、日本物で、日本舞踊を中心に展開する等の特段の事情がない限りは、外部スタッフを起用することはまずない。

なぜならそれは、宝塚の作品制作及び生徒行政（人事）並びに顧客との関係性の特色に由来するからである。

宝塚歌劇作品のキャストは歌劇団員（生徒）に限定され、外部からの客演はない。また、作品は生徒が所属している「組」単位で構成されるため、他の組への客演も基本的には発生しない。いわば、同じ組の中での一定の環境下でスターは育成されていくのが特色となる。

一方、顧客との関係性の視点で見てみると、顧客（ファン）は同じ組の一定の環境下で成長していく生徒と伴走しながら楽しむのがタカラヅカ流である。そして、宝塚歌劇はいわゆる「スターシステム」を採用しているため、基本的にキャスティングにおける「大抜擢」は存在しない。

このシステムのおかげで、ファンサイドとしては長年支援してきた金銭的、時間的な様々なコストが無駄になる可能性（サンクコスト化）が低くなり、安心感をもってタカラヅカへの投資を継続できる仕組みとなっている。

このような作品制作及び人事上の約束事遂行、そして顧客との良好な関係性維持という二つのポイントを両立させることが宝塚歌劇経営上の至上命題であり、それを達成するための手段の一つとしてスタッフの可能な限りの内部化という戦術が採用されている。

座付スタッフの効用を具体的に見てみると、宝塚歌劇に対するファンの消費対象は、上演作品の良し悪しもあるにはあるが、メインはあくまで「生徒本人（の成長プロセス）」にあり、その持てる魅力を最大限に現出させる台本、演出、衣装、道具、振付等をファンは求める。

ゆえに、このような顧客満足度を最大化するには、スターそのものの持つ技能、たたずまい、世界観といったすなわち差別化要因を「過去・現在・未来」において知り尽くす必要があることは言うまでもない。

したがって宝塚歌劇の作品制作においては、座付スタッフという制度を重視しているのであって、彼らはスターの成長プロセスを至近距離で継続して眺めることが可能で、かつ宝塚歌劇ファンのニーズを肌で感じている存在であるのだ。

ここにも宝塚歌劇のブランドマネジメントと人材育成の一体化が見て取れるのである。

演出家育成における徒弟制度

私が宝塚歌劇の実務を担当していた時期、そして今現在に至るまで、日本のエンターテイメント界をけん引し続けている人気劇団の座付演出家に、宝塚歌劇作品の演出に興味があるか質問したことがある。

彼は、開口一番「無理だ」と答えた。

その根拠を質すと、宝塚大劇場の「芝居」制作では、上演時間約90分という限られた時間内で組子全員（約80名）とは言わないまでも、スターそれぞれにファンが望むであろう台詞（のやり取り）、歌、ダンスといった個々別々の「見せ場」を設定すること自体が、（宝塚歌劇の過去・現在・未来を知らない）外部スタッフには困難であることを挙げたのである。

彼は、世界的に有名な宝塚歌劇の演出を引き受けることによって自身の知名度が上がることには大いに魅力を感じるものの、演出「それ自体」（本体）は素晴らしいものであっても、結果的にファンのニーズから乖離したものであれば、それは受け入れられることはないと得心していたのだ。

そしてそれが、自分自身のブランドの毀損につながりかねないことをも承知していたのだ。

さて、このような作品制作の根幹を担うのは、言うまでもなく作家・演出家だ。宝塚歌劇は座付制度のため、作家がそのまま演出を担当する。かつて宝塚歌劇では、演出家育成に徒弟制度が用いられていた。

演出家志望で宝塚歌劇団に入団すれば、一足飛びに作品演出ができるわけではなく、先輩演出家に付く演出助手として、宝塚歌劇の演出手法を会得していく仕組みだ。

現在は、作品ごとの演出家と演出助手の組み合わせは、公演スケジュールとスタッフのスケジュールを最適化する方向で決定されているが、以前は、演出家には「弟子」にあたる助手が配置され、「師匠」の演出手法、すなわち実務を通して、宝塚歌劇独特の「世界観」を承継していくという仕組みが存在していたのだ。

つまり、商品特性を最大限ターゲットのニーズに合わせていく手法は、宝塚歌劇の、否、エンターテイメントの経営においても、なんら一般企業が実施するマネジメントの基礎と変わらないのである。

このように宝塚歌劇の作品制作では、タカラヅカの「世界観」を守り抜くために座付スタッフが重用され、それがファンの満足度を高めることによって、ブランドマネジメントの重要ポイントである「相互信頼」に立脚した事業経営が達成できているのである。

ここでも、人材育成とブランドマネジメントの良好な関係性が、顧客との信頼関係を通じて事業の永続化につながることが認識されることと思う。

鉄道会社社員に「宝塚」ブランドを埋め込む方法

宝塚歌劇経営を支えているのは、生徒や作品制作並びに裏方スタッフだけではない。既述の「垂直統合システム」の最も「川下」（＝顧客により近いところ）に位置する劇場経営並びに販売促進担当者も無論含まれる。

彼らの多くは、阪急電鉄株式会社の社員である。したがって、生徒や作品制作スタッフと比較すると、宝塚歌劇経営へのモチベーションがそれほど高くはないのでは？との疑問が生まれてくるのではないだろうか。

しかしながら、宝塚歌劇経営が成功している大きな理由は、やはり好調なチケット販売にある。確かに、ファンクラブがチケットを捌くうえで大きな役割を担っているのは否定しがたい事実であるが、例えば宝塚大劇場公演のうち、平日の15時公演は主婦層、ＯＬ層が敬遠しがちであることから、団体客やライトファンの需要を掘り起こさねば高い稼働率を維持することは困難だ。したがって、「川下」に位置する阪急電鉄社員にも宝塚歌劇への強い帰属意識を人材育成の局面で埋め込む必要がある。

では、現場ではどのような教育がなされているのか？ということなのだが、私の実務経験を思い起こすに、特にスタッフに対して歌劇の歴史であるとか、スターの華やかさであるとかを教育した記憶はない。

しかしながら、チーム運営はうまくいっていたと思う。その根拠は何か？

この点は、次の第4章で明らかにしたいと思う。

自前で育てる意味

宝塚歌劇経営においては、役者（生徒）も大部分の作品制作スタッフも自前（自社）で育成することが、そのブランドマネジメントにおいて重要な要素であることを確認してきた。

宝塚歌劇経営の最大の特色は、作品の企画制作（川上）から、販売促進（川下）まで一気通貫の

「垂直統合システム」にあることをすでに指摘したところだ。

すなわち、宝塚歌劇経営においては、「川上」だけでなく、「川下」に至るまで自前主義が浸透しているため、そのブランドマネジメントもより徹底したものになっているのである。

宝塚歌劇における経営戦略に則ったスタイルでの人材採用、育成が、ブランドマネジメントの良し悪しに直結することは一般企業においても十分適用できるのではないかと考える。

本章の冒頭で取り上げたＳＤＬ（サービス・ドミナント・ロジック）の考え方の重要性は、広い意味での「サービス」の充実を通した顧客満足度の向上を図り、ブランド力の強化を目指す企業の差別化戦略に直結するところにある。

現在のマーケティング戦略展開では自明のことである、商品・サービスを顧客が購入（＝交換価値確定）したのちにも対象を広げた広義の「サービス」を担うのは誰なのか？

それは、直接的に顧客とのタッチポイントに存在するスタッフだけでなく、例えば（派遣社員が担う場合が多い）コールセンターといった後方支援と位置づけられがちな部署も含めたスタッフ「全員」なのである。

ゆえに、コストマネジメント上、一定の外注化は避けられないとしても、業界、企業ごとに異なるであろう重要な顧客とのタッチポイントには、自前のスタッフを配置するマネジメント上の工夫が必要である。

宝塚歌劇の創始者である小林一三翁は、ご自身で宝塚歌劇作品の台本を書かれた。そこから宝塚歌劇経営においては「創って作って売る」垂直統合システムが綿々と継続されている。それに則った人材採用、育成によって強固なブランドを構築・維持しているのである。

ポイント❶

今後のブランドマネジメントで最も重視すべきは「品質保証機能」、すなわち**「世界観」を通じた顧客との信頼構築・維持**である

ポイント❷

宝塚歌劇経営におけるブランドマネジメントの特徴は、**「信頼」構築・維持手段として、顧客との「価値共創」が戦略に埋め込まれ、実践されている点**にある

ポイント❸

顧客との「価値共創」を実現するためには、川上から川下まで**「すべ**

ての」スタッフにマーケティングマインドを体現させる人材育成・教育が必須である

ポイント❹

安易なブランド拡張は、短期的には売上増を実現するかもしれないが、失敗すれば顧客との信頼関係を損ね、中長期的には企業に大きなダメージを与えることがある

第4章

宝塚歌劇団のチャネル戦略

——なぜ地方興行でも超満員なのか

「価値共創」の視点でチャネル戦略を考える

本章では、宝塚歌劇経営におけるチャネルマネジメントについて考えてみたい。検討するにあたっては、何がしかの指標が必要となるが、宝塚歌劇の場合はここでも顧客との「価値共創」が指標となる。

なお、第1章でも指摘したが、「価値共創」は宝塚歌劇に限らず、ウィズコロナ、ポスト資本主義社会においてはどの業界、企業にも成功のための必須条件となることに改めてご留意いただきたい。

なぜなら、「価値共創」の実現は非価格競争における決定的な「目に見えない」差別化要因となり、かつ顧客へのマネジメント、マーケティング機能の一部移転を通じてのコスト削減も同時に達成可能という、いわゆる「ブルーオーシャン」が実現できるからである。

販売チャネルとしての「ファンクラブ」

宝塚歌劇事業収入の中核は、なんといってもチケット収入であることは論を俟たない。また、宝塚歌劇に限らず、ライブエンターテイメントであればその事業構造に対して、大きな差異は認められないであろう。

しかし、宝塚歌劇には、他のエンターテイメントではなかなかお目にかかれないほどに強力な販売チャネルが存在する。それは、「ファンクラブ」（ファン会）である。

ファンクラブについては、すでに拙著（『タカラヅカの謎』）にてご紹介しているので、基本的事項についてはそちらをご参照いただくとして、本章ではそのチャネルマネジメント上の特異性に絞ってご紹介する。

なお、チャネル上に限らず、宝塚歌劇のファンクラブには大きな特徴がある。これから説明するように、宝塚歌劇チケット販売の中核を担い、さらにスターたちの「劇場外」におけるマネジメントを担うファンクラブは、興行主催者である阪急電鉄に「公認されていない」存在なのである。

一般的な芸能事務所であれば、スターにはマネージャーが付き、細かなスケジュール管理をはじめとするマネジメント体制が敷かれる（大きなコストが発生）のが通常であるが、宝塚歌劇の場合、マネージャーは存在しない。その機能はファンクラブが担っている。公認されていない根拠は、阪急側にとってはリスクマネジメントに直結（劇場外で発生する事案や、ファンクラブがチケットを購入した「後」に起こるトラブル等は阪急にとっては無関係と公言できる等）し、ファンクラブにとっては、運営に関わる自律性の確保を通じての顧客満足度向上に直結するところにある。

勘の鋭い方はお気づきであろうが、ここに宝塚歌劇における顧客（主要顧客としてのファンクラブ）との「価値共創」が実現している。価値共創の実現がそのままマネジメントコストの大幅な削減に直結している。

価値共創の手法は無限大に存在するであろうが、企業経営的にはそれが差別化による売上増にとどまらず、コスト削減にも寄与、すなわち双方の連動で利益率向上につながらなければ意味がない。

つまり、顧客側に本来企業側が担うはずのマネジメント、マーケティングのプロセスを自主的に、積極的に担う「仕組み」を構築し、顧客の「高関与」によって売上増を図ると同時に、その「仕組み」に関わる金銭的、時間的な様々なコストを移転してコスト削減も同時に達成するのだ。

企業にとっての優良なコミュニティを創ることとは、いわゆるエモーショナルマーケティングの着地点の一つであり、多くの企業が「会員制」による囲い込み等で実現させているが、囲い込みで満足せず、顧客の高関与を引き出すことによって宝塚歌劇経営のごとく利益率の向上に結びつける必要があるのだ。

歌劇チケットの流通チャネル

さて、宝塚歌劇はいわゆる「スターシステム」を採用していることはすでに述べた。「トップスター」を頂点に、2番手、3番手、と序列が比較的はっきりしており、作品制作にもそれが反映されている。

例えば、宝塚歌劇公演のフィナーレとして有名な「大階段」を使った「パレード」では、下級生から順番に登場し、番手通りに進むと、最後にトップスターが、タカラヅカの象徴である大きな「羽根」を背負って登場、と展開する。いかなる公演でも、これは変わらないお約束だ。

したがって、顧客にとっては、視覚的にはっきりと序列をはじめとする宝塚歌劇の「生態系」を認識できる場なのである。

そういった生態系の上位に位置するスター、または若手であっても将来性を見込まれた生徒には、自然発生的に「ファンクラブ」が形成される。その果たすべき役割の中核に「チケット捌き」がある。これが、宝塚歌劇の販売チャネル戦略の一大特徴なのである。

この場合、チケットは顧客のもとに直接届くのではなく、いったん、ファンクラブを経由して流通するのだ。

宝塚歌劇チケットの流通チャネルとしては、ファンクラブの他に「公認」の会員組織である宝塚友の会、個人顧客へのネット販売、プレイガイド、そして阪急直販の団体窓口が主たるチャネルとして存在する。

では、各公演のチケットは、上記チャネルにどのように配分されていくのか？

阪急公認の宝塚友の会と並んでファンクラブは阪急が公認していないにもかかわらず重要なチャネルとして認識されている。

阪急がファンクラブを公認しない根拠は先述した。では、阪急とファンクラブ、その双方にとってのメリットを分析しよう。

まず、興行主催者としての阪急におけるメリットであるが、なんといっても「販売促進コストなしで」大量のチケットを捌けることにある。そう、売り切りなのである。返券はファンクラブの沽券にかかわる。もちろん定価販売であるから、利益率が高い優良チャネルとなる。

一方、ファンクラブにとっては、ロングラン興行を実施しない宝塚歌劇において、競争率が高く、貴重なチケット、それも良席を含め安定的に確保できる利点がある。

さらに、チケットをファンクラブの会員にいかに配分するかは、ファンクラブ幹部の任意だ。それが幹部の力の源泉となっている。

公認「宝塚友の会」の役割

一方で、友の会経由でチケットを確保する顧客は、定期的に観劇する顧客並びに、ファンクラブの「しがらみ」を避けたい方々が中心となっている。

ファンクラブ所属の顧客は、当然のことながら特定の生徒を応援するため、必然的に購入対象の組、公演は限定的となる。

かたや、友の会経由でチケットを購入するファンの中には、特定の組、生徒に縛られることなく、まんべんなく五つの組の公演を観劇する顧客も少なからず存在する。このような顧客も、阪急にとっては販売促進コストが極小で済む優良顧客である。

個人顧客へのチケットの流れは、このようにファンクラブ会員と友の会会員とを回って、その後にやっと「無所属」の一般個人顧客の出番となる。しかしながらすでに、ファンクラブ、友の会といったいわゆる固定客で大方のチケット（特に良席）が捌けてしまっている。

また、特に平日の稼働率を上げるために、各種団体へのチケット販売が存在し、公演スケジュールの中には貸切公演も含まれることを考えると、一般の個人客への配券は極めて少数になることが理解できよう。

そして、駄目を押すのがロングラン公演を実施しない宝塚歌劇の興行戦略である。このために、チケットのフルキャパシティが限定的となり、巷間言われる「タカラヅカはいかなる公演もチケットが取れない」状態に立ち至るのである。

コミュニケーションチャネルとしての「ファンクラブ」の役割

今後の企業経営戦略の構築、実践において、情報の非対称性の分析に基づくマネジメントが重要との認識を先に紹介したが、では、宝塚歌劇経営においてのそれはいかなる特徴があるのだろうか？

ここに登場するのが、先述した「ファンクラブ」である。ファンクラブは、宝塚歌劇経営のチャネルマネジメントにとって、その成否のカギを握る存在と言っても過言ではない。

宝塚歌劇のファンクラブには、チケット流通チャネルとしての役割とともに、阪急とファンを結ぶコミュニケーションチャネルとしての重要な役割がある。

意外に思われる方が多いが、すでに述べたように宝塚歌劇団現役生徒はＳＮＳが禁止されている。ＳＮＳ全盛の時代に逆行しているようではあるが、この戦略は歌劇経営にとっては理にかなったものである。

エンターテイメント業界における宝塚歌劇の差別化要因は、すでに取り上げた通り「男役」の存在にある。それがタカラヅカの競争優位の源泉であることはすでにご理解いただいたと思う。

繰り返しになるが、「男役」とは「虚構」の存在である。嘘、偽りの意ではなく、女性が男性を演じるという、この世に決して存在しないはずのものという意味での虚構だ。

したがって、虚構であるはずの男役が、超リアルなＳＮＳを使って情報発信することは、そのオリジナリティを切り崩すことに直結しかねない。ゆえに、この戦略は歌劇経営にとっては理にかなっているのである。

また、「虚構」であることはすなわち、「正解となる定義が存在しない」ことと言い換えられる。

正解がないとは、顧客一人一人の男役に対する定義が異なっており、それが無限大に存在していることと言える。

となれば、マーケティング活動の究極の目的の一つとも言える、カスタマイズ化が成立「しかけている」のが宝塚歌劇だとは言えないだろうか？

そのカスタマイズ化された顧客ニーズを反映させる手段としては、当然、双方向のＳＮＳが最有力となるが、先述の理由から興行主催者にとってはリスクの方が大きいのだ。

そこで、この両者のニーズを満たす仕組みとして「ファンクラブ」を捉えることが可能となるのだ。興行主催者の阪急とカスタマイズされたファンのニーズの「橋渡し役」としてのファンクラブの存在意義である。

宝塚歌劇のファンクラブの特徴の一つに、一糸乱れぬ思考・行動が挙げられる。視覚的には、もはや名物となった劇場楽屋口での「入り待ち、出待ち」の光景が代表的だ。

このようにファンクラブとは、そこに集う、本来カスタマイズされているはずの「虚構」に対するまなざしを「再統合」した顧客ニーズの「塊」なのである。

企業側から見ると、カスタマイズ化された顧客ニーズを把握することがマーケティング理論上の到達点の一つとなるが、現実的には、そのすべてを掴めたとしても、すべて満たすことは実践上不可能である。

しかし、カスタマイズ化が成立「しかけている」状態の「塊」で捉えることができれば、それは企業側にとっても消費者側にとっても、より満足度の高いマーケティング戦略が展開可能と考えられる。

宝塚歌劇のファンクラブは、その理想的な「塊」＝「コミュニティ」なのである。再統合されて、一糸乱れぬ「虚構」に対する忠誠心が、興行主催者側の戦略構築、遂行のターゲットとなるのだ。

この文脈に沿って、実際に宝塚歌劇の作品制作は垂直統合システムに則って進んでいく。演出家や衣装・道具のデザイナーといったスタッフの多くを宝塚歌劇団が直接雇用している実態はすでに説明したが、それも理にかなった戦略であることがご理解いただけるであろう。

例えば、外部の高名な演出家を招聘して歌劇作品を制作しても、恐らくヒットしない。それらがファンの支持を得るのは甚だ困難なのではないかと考えられる。宝塚歌劇の演出家をはじめとするスタッフは、その「男役」の個性並びに、それを伴走しながら育成してきたファンとの、目には見えないコミュニケーションを通じたニーズを顕在化、可視化させていくことができるのだ。

つまり、「男役10年」と言われるように、「虚構」として成熟するプロセスを把握することなしに、その「虚構」に対するカスタマイズ→再統合されたファンクラブのまなざしを理解することなくして、タカラヅカは成立しないのである。

「価値共創」はコストダウンにつながる

以上が、コミュニケーションチャネルの面に特化した宝塚歌劇のファンクラブの存在意義である。顧客との価値共創の実態並びに、その重要性をご理解いただけたことと思う。

さて、この価値共創には、企業経営に与える大きなメリットが存在する。それは、価値共創がコストダウンに直結するという事実である。

「価値共創」とは、生産者と消費者の連携で成立するが、その効果を最大化するためには、情報の非対称性で優位に立つ顧客側にむしろイニシアチブを握らせて、コミュニケーションチャネルを駆使してより一層商品・サービスに「高関与」させることが肝要だ。

高関与が実現すれば、顧客が自律的に、自主的に、積極的になるに従って、その潜在ニーズの顕在化を通じて、企業の販売促進、コミュニケーションに関わるコストの削減につながっていくことになるのだ。

宝塚歌劇経営では、先述の通り「虚構」としての「男役」が成熟に向かうプロセスに、ファン（クラブ）が高関与な伴走を繰り広げることによって「価値共創」が行われていることを見てきた。

その際には、高関与であり、そうであるがゆえにサンクコストが累積していくために、ブランドスイッチはなかなか発生しない。

また、公認していないファンクラブが自律的に価値の創造に参画しているから、興行主催者の阪急電鉄にとっては、大きなコスト負担なしにビジネスを遂行することが可能となっている。

このように、顧客との高関与な価値共創を遂行できれば、事業コストは大きく削減でき、同時によりカスタマイズに近い形での顧客満足度向上が達成できる。

顧客は今や製品・サービスについてＰＲし、その商品の良さをコミュニケーションしてくれるマーケターであり、フィードバックしながら具体的な製品アイデアを考える製品開発担当、Ｒ＆Ｄ担当でもあると言えないだろうか。

新しいチャネルマネジメント

以上、宝塚歌劇経営におけるチャネルマネジメントの一大特色、ファンクラブのコミュニケーションチャネルとしての役割と阪急の事業経営にもたらす効果を概観した。

ここでは、先に積み残した課題である情報の非対称性の重心が消費者寄りに移ったこの趨勢を、再び生産者側に巻き戻すことは可能だろうかという問いについて考察する。

この疑問に対する回答はイエスである。ただし、抜本的な産業構造や流通構造の変革を伴うものとなる。実例として「Ｄ２Ｃ」というビジネスモデルを紹介したい。これも立派な価値共創モデルである。

D2Cとは、「Direct to Consumer」の略語で、消費者に対して商品を直接的に販売する仕組み、すなわち、自社で企画・製造した商品を、卸売り、小売りといった流通チャネルを挟まず、ＥＣサイト等の自社チャネルで販売するモデルのことを指す。

代表的企業としては、睡眠を通して新しいライフスタイルを創造するマットレスのオンライン販売の「Casper」（アメリカ）、メガネブランドの「Warby Parker」（アメリカ）、日本では、アパレルブランドの「COHINA」等が挙げられる。

生産者側と消費者側をつなぐ取引形態としては、Ｂ２ＢやＢ２Ｃが想起されるが、これらは、「誰と誰の取引であるか」を明確にする取引形態である。

例えば、Ｂ２Ｂなら企業が企業に向けて提供するサービス、Ｂ２Ｃなら企業が一般消費者に向けて提供するサービスといったように。

一方、Ｄ２Ｃも取引形態を表す言葉という意味では変わらないものの、「誰と誰の取引であるか」

を示すものではない。「いかにして」「どのように」取引をするか、一般消費者に商品をどのように届けるか（＝プロセス）を表現しているのである。

つまりは、作り出される製品・サービスがユニークで、独自の価値を提供するにとどまらず、カスタマー・ジャーニー・マップに沿った顧客一人一人の購買体験（プロセス）からなる「経験価値」を、ＳＮＳやリアル店舗で仲介を介さず直接創造するのがＤ２Ｃの大きな特徴となる。

そこには、製品・サービスの質だけでなく、顧客の一連の購買行動、購買後の使用体験・経験まで含めたトータルな「物語」の創造力が勝敗を分ける。

演劇で言うところの、良い台本をいかに書き、それを顧客に合わせていかに「演出」していくかといった脚本家・演出家の能力が必須なことと等しい。

こういったトータルな「世界観」を構築し、提供するためにはビジネスシステムとしての「垂直統合システム」が必要十分条件となることは、本書のこれまでの流れからご理解いただけるものと思う。

価値共創＋垂直統合＝Ｄ２Ｃモデル

自社で一気通貫のシステムであるから、コストも最小限になり、製品・サービスの価格も圧倒的に安く提供できる。

そして、告知もＳＮＳ中心であるため、販売だけでなくマーケティングも顧客との双方向化が実現でき、得られるデータはすぐに垂直統合システムの各セクションにフィードバックされ、製品・サービスはさらにブラッシュアップされていく。

つまり、Ｄ２Ｃは顧客との「価値共創」が絶え間なく継続する「サイクル」なのである。

グローバリゼーション並びに情報化の進展で、世界中どこでも最適な取引相手を低コストで探し、見つけることができるようになると、「垂直統合システム」はむしろ自社で非効率な部分、不得意分野まで抱えることになり、非効率なビジネスシステムと忌避される傾向が強かった。

しかしながら、今般のコロナ禍により、世界中で同時多発的にサプライチェーンが寸断されるという、史上初の事態が生じた。そのため、水平的分業化を推進した企業ほど、そのダメージは大きく、深いものになったことは記憶に新しい。

コロナ禍が今後の企業戦略に与える大きな影響として、グローバリゼーションの見直し、つまり垂直統合システムの再評価が行われるはずである。

さて、このＤ２Ｃと類似したビジネスモデルとして、アパレル業界における「ＳＰＡ」を連想されるかもしれない。

両者の相違点は、まずは主たる販売ルートが後者はリアル店舗であるのに対して、前者が自社運営のサイトであること、マーケティングが前者はよりＳＮＳ経由であること。

そして、リアル店舗の果たす役割が、後者はまさに販売であるのに対して、前者が「体験の場」という意味合いが濃厚であることだ。

「体験の場」、すなわち、商品そのものの展示ではなくむしろ、その使用シーンを顕示することによって、従来と異なる「カスタマイズ化」された「経験価値」が生み出されることを顧客にイメージさせる場なのである。

このように考えると、Ｄ２Ｃモデルにとっての顧客の位置づけは、ブランドを「共に育成していく仲間」といったものになる。すなわち、創造した製品・サービスを育てていく「コミュニティ」を生産者側と消費者側が「共創」しているのだ。

また、消費者主権に名のもとに、ＳＮＳの広がりによって消費者側に移動したかに見えた「情報の非対称性」の軸が、Ｄ２Ｃモデルでは、インタラクティブなコミュニケーションを通じた「世界観」構築がすべての始まりであるように、再び生産者側にその主導権が戻りつつある。

「世界観」を通して生産者側は、製品をコンテンツ化すると同時に、ブランドをメディア化しているのだ。

製品は、メディアとなったブランドがアウトプットする多様なコンテンツの一つとの位置づけであり、コンテンツはメディアの作る文脈によって受け取られ方が変わる。

D2Cはブランドの「世界観」を構成する空間やグッズ等と組み合わせることで、プロダクトをコンテンツ化しており、コンテンツ化したプロダクトは、個々の顧客にそのブランドについて「語る理由」を与える。

このように、意味レベルの価値を持ったプロダクトは、機能（品質）レベルでの比較などされない他のプロダクトと全く違う価値を持ち、マーケットの中で、ユニークで絶対的なポジション＝「ブルーオーシャン」を獲得することができるのだ。

すでに気がついた方も多いと思うが、このD2Cモデルとは、宝塚歌劇のビジネスモデルと類似していないか。

「男役」（「虚構」）という商品の進化を、ファンとのインタラクティブなやり取りによって、阪急の垂直統合システムを通じて価値共創し、差別化された模倣困難な「世界観」を醸成する……。これが宝塚歌劇のビジネスモデルなのであった。

したがってD2Cモデルは、顧客「体験」の差別化を通じてその「ライフスタイル」を売るシステムと言っても過言ではなかろう。

以上のように、D2Cに親和的なターゲットとは、消費行動に対して新しい価値観を持つ、今後の消費主体となる若者世代であるのは当然のことだろう。物的には満たされており、モノ以外の価値観を含めた「世界観」を追求する世代である。

このような、その新しいチャネルマネジメントの先駆者が実は宝塚歌劇経営なのである。ゆえにチャネルマネジメントの点でも、宝塚歌劇経営は一般企業の経営にも大いに参考となるはずである。

宝塚歌劇は、この世に本来存在しない「男役」という虚構を生み出す、摩訶不思議で取っつきにくいニッチマーケットという印象を長らく持たれてきたが、その経営学を紐解くと、今後の企業経営の参考となるポイント満載なのである。

宝塚歌劇経営戦略はニッチではなく、王道なのだ。

兵庫県宝塚市という聖地
～聖地巡礼のはしり～

　宝塚歌劇経営におけるチャネルマネジメントのいま一つの特色として、地方公演という特色あるチャネルをご紹介する前に、まず宝塚歌劇の総本山たる「宝塚大劇場」というチャネルに注目してみたい。

　関西経済の中枢、大阪市から阪急電車で約40分の地方都市である兵庫県宝塚市に、毎年１００万人以上が訪れるのは一体なぜか。

　阪急グループは、その中枢たる大阪梅田にその名も梅田芸術劇場という、客席数２０００席弱という規模の立派な小屋（劇場）を保有している。普通に考えれば、顧客の利便性を重視して、こちらの劇場を宝塚歌劇のホームグラウンドとすればよいのであるが、阪急はそれを選択していない。交通利便性の劣る宝塚市から本拠地を移転させることはしないのである。その根拠は一体何か？　それは俗な表現になるが、そこが宝塚歌劇の「聖地」であるからだ。宝塚歌劇は、今はやりの、地方創生の切り札の一つと目される「聖地巡礼」のはしりなのである。

　今、流行の「聖地巡礼」とは、アニメやテレビドラマで取り上げられた場所へ、それを視聴した人たちが実際に訪れる現象を指す。

そのような土地、場所は国内外問わず多数存在するが、そのすべてが「聖地」となり得ているわけではない。やはり、成功するケースと失敗するケースがあるのだ。その分岐点はどこにあるのだろうか？

成功した事例を分析すれば、やはりその土地、場所に暮らす人々が異邦人としての「巡礼者」を快く受け入れるか否かにかかっているようだ。

つまり、アニメやテレビドラマといった作品を媒介にして、巡礼者と地元住民（行政等の組織体含む）が「価値共創」する体制を整えられるかが成功のカギを握っているのである。

さらに、この「価値共創」にはもう一人の重要なプレーヤーが参画する必要がある。言わずもがな、作品の作者、あるいは制作者である。

ゆえに、この聖地巡礼ブームは巡礼者、地元住民（行政等の組織体含む）、原作者・制作者の三位一体での価値共創が理想の形態となる。

この成功例としては、アニメ「らき☆すた」の舞台となった埼玉県鷲宮町（現・久喜市）が有名だ。

そこでは、アニメ放映とともに舞台となった鷲宮神社に集う全国からの巡礼者に対して、神社だけでなく地元商店街、青年会が積極的に歓待し、「らき☆すた」関連グッズの企画製作販売を幅広く展開した（グッズ販売などの展開には無論、著作権者（作者）の同意が絶対条件である）。

このケースで特筆すべきは、舞台となった鷲宮神社に古くから伝わる伝統行事である「土師《はじ》祭」で繰り出す荘厳な神輿に対して、聖地巡礼に全国から集うファンのために主催者自ら「らき☆すた神輿」を製作し、著作権者もそれを拒絶することなく、土師祭の神輿と同時に街を練り歩くことを許容したことにある。

この事象はまさしく本書で取り上げている「価値共創」にほかならず、アニメを介して、取り立てて差別化可能な観光資源のなかった鷲宮が、全国区の観光地と化した代表的事例となったのである。

前置きが長くなったが、この地方創生の切り札とも言われる「聖地巡礼」のはしりとも言えるのが、宝塚大劇場なのである。「聖地」であるがゆえに、前述のように大阪梅田から電車で40分の位置にある宝塚の地に、全国各地から年間１００万人を超える観客が訪れるのだ。

では、なぜ宝塚はタカラヅカの聖地たり得るのか？

その答えは、宝塚歌劇のバリューチェーンがすべて宝塚の地に存在しているからである。つまり、宝塚歌劇の様々な価値を生産しているのが、宝塚大劇場周辺なのであって、その結果、宝塚歌劇の「世界観」もこの地で生まれているのである。

宝塚歌劇ファンにとって、その「世界観」に触れることは避けて通れない儀式である。様々な成功している聖地巡礼も、その聖地にしか存在しない「世界観」が醸成されているはずである。巡礼者同士の交流も含めたその場に実際に行かないと味わえない、なんとも形容しがたい雰囲気である。宝塚の場合、その「世界観」を醸成しているのは、宝塚の地に勢ぞろいしているバリューチェーン、換言すれば「創って作って売る」そのすべての機能である。ゆえに、宝塚歌劇の本拠地は、大阪梅田ではなく（まして東京宝塚劇場のある日比谷ではなく）宝塚を動かないのである。

「宝塚大劇場」ですべて完結させる

宝塚歌劇ファンはなぜ、決して交通の便が良いとは言えない宝塚歌劇の聖地「宝塚大劇場」に集結するのか？　それは彼女たちの「ライフスタイル」の象徴がこの地にあるからだ。

宝塚歌劇経営のバリューチェーンがすべて宝塚大劇場周辺に存在していることはすでに述べたが、もう一点、見逃してはならないのが「稽古場」の存在である。宝塚歌劇団の稽古場は、大劇場と同じ建物の中に存在する。

宝塚歌劇では、五つの組のうち、宝塚大劇場公演、東京宝塚劇場公演、地方公演等と通常はそのうちの三つの組が公演を実施している。では、それ以外の二つの組は何をしているのか？　次回公演に備えて稽古に励んでいるのだ。

その稽古場が大劇場に近接しており、その入り口は大劇場と同じ「楽屋口」を使っている。すなわち、いわゆる宝塚名物の「入り待ち、出待ち」は、大劇場で公演中の組のファンだけでなく、稽古中の組のファンも行う儀式となっている。

宝塚のシステムは、各組とも稽古→公演→若干の休息→稽古→公演……のサイクルを平等に回している。したがって、スターを応援するファンは、（当該組が東京並びに地方で公演している期間を除いて）基本的に宝塚大劇場に足を運んでいるのである。

これが、宝塚大劇場を「聖地」にしている所以であり、そこでファン一人一人の、そして「集う」ことによるファンクラブをはじめとする様々なコミュニティの「ライフスタイル」が構築され営まれる唯一無二の場所ということになる。

このような前提条件のもと、興行主催者である阪急電鉄は、それにビジネスシステムとしての垂直統合システムを最適化することによる顧客ニーズの顕在化を推進する様々なビジネスを展開しているのである。

宝塚大劇場公演の上演時間はおおむね3時間であるが、その前後に「入り待ち、出待ち」を行うとなると顧客は約5～6時間を大劇場周辺で過ごすこととなる。

宝塚歌劇の聖地「宝塚大劇場」
写真：GYRO PHOTOGRAPHY／アフロ

大劇場のキャパシティは約２５００席であり、先述の通り公演中の組だけでなく、稽古中の組のファンも多数来場する。加えて、この点が宝塚ファンの特徴なのであるが、公演チケットを持たないファンが、主として「入り待ち、出待ち」目当てに少なからず来場している。

したがって、公演日には常時３０００人近い顧客が大劇場周辺に存在し、そのライフスタイル並びに消費に対する嗜好は近似しているため、うまく囲い込むことができれば、利益率の高い効率的ビジネスを展開することができる。

例えば、劇場内の喫茶スペースを考えた場合、上演中は稼働しないことが想定され、また、幕間には顧客が集中する等、とかくロスが大きい。

しかしながら、宝塚大劇場の場合、公演組以外のファン、そしてチケットを持たないファンが存在する。加えて、彼女たちは個人で行動するよりも「塊」で動くケースが大半であるために、上記の「ロス」を穴埋めしてくれるありがたい存在となるのだ。

このように、興行主催者である阪急は、公演チケットのみならず、飲食やお土産、ファンにとってはコレクションとなるグッズ類等の物販も含めた、宝塚ファンのライフスタイルを規定する消費活動を、宝塚大劇場にてすべて完結させることが可能となっている。

旅行業者にとっても「美味しいタカラヅカ」

「聖地」宝塚大劇場は、ディープなファンにとっては前節で述べたように、その「ライフスタイル」を体現するまさに聖地なのであるが、一方で、一見さんである学校団体をはじめとする団体客についてはビジネスとしてどのような位置づけとなるのだろうか？

大劇場のチケット流通チャネルについては先述した通りであるが、特に「ニッパチ（2月、8月）」といった閑散期や通年での平日稼働対策として、宝塚歌劇といえども団体客の確保は大きな経営課題となる。

西日本を中心に、数多くの団体顧客を受け入れているが、ここではツアー商品を組成する旅行業者並びに、学校団体にとっての宝塚歌劇の位置づけについて考えてみたい。

まず、宝塚大劇場の位置関係であるが、先述の通り、大阪梅田から電車で約40分の決して交通至便とは言えない立地条件にあると指摘したが、それはあくまで個人客にとっての立地条件である。

これを地方からの団体客、そしてその旅行商品を組成する旅行業者にとっての視線で見ると、全く異なる位置づけが見えてくる。

宝塚大劇場周辺の地図を見ていただくと、大劇場から距離にして約5キロメートルの位置に、中国自動車道「宝塚インターチェンジ」が存在していることに気づかれるだろう。

そして、さらに範囲を広げて見渡せば、有馬温泉、ユニバーサル・スタジオ・ジャパン（USJ）、京都、奈良といった有名な観光地がいくつも存在している。

それらに電車でアプローチするには多くの時間的ロスが生じるが、大劇場が高速のインターチェンジから約10分でアプローチできるとなれば、車利用の顧客にとってその利便性、優位性は格段に高くなる。

つまり、地方から関西への旅行商品を組成する場合、宝塚大劇場は業者にとって最高の立地条件にあると言える。そして、彼らにとっての宝塚大劇場の魅力は立地条件以外にもある。それは、効率的時間消費の達成と旅行商品自体の差別化だ。

まず時間消費だが、宝塚大劇場公演は公演時間だけでも約3時間、前後の買い物等の所要時間を見込めば、業者にとっては約4時間「潰せる」ことになる。そして、その時間帯は乗務員の休憩時間となり、時間消費の側面からは一石二鳥だ。

次に差別化であるが、演劇鑑賞は地方の顧客にとっては滅多に味わえない経験であり、唯一無二の宝塚歌劇であれば、その価値はさらに大きくなるであろう。つまり、宝塚歌劇観劇というメニューは、旅行商品にメリハリを与えるのである。

さらに駄目押しとなるのは、相対的に、また時間消費効率の面、乗務員のストレス管理の面からトータルに見て、宝塚歌劇の団体向けチケット代金（通常はA席もしくはB席）は旅行業者にとっての仕入れ値としては格安なはずである。

宝塚歌劇を観劇した後は、有馬温泉に宿泊、学生団体ならＵＳＪに移動してナイターを楽しむ、奈良・京都に移動する、といった様々な選択肢が旅行業者にとって可能となる、そういった好立地なのである。

阪急にとって、閑散期のチケット販売対策として団体客は引き続き貴重であり、かたや旅行業者にとっても、利便性の高いメニューとなっている「ウィンウィン」の関係になっている。

もちろん、特に学校団体については、初めて生のタカラヅカの舞台を観た女子学生が、将来タカラジェンヌを目指すきっかけになることも大いに想定されるし、ファン予備軍となる可能性も高いのである。

聖地巡礼は「価値共創」の場

このように、宝塚大劇場が宝塚歌劇最大の「チャネル」であることが、興行主催者である阪急電鉄のビジネス展開からご理解いただけたことと思う。

しかしながら、宝塚大劇場への聖地巡礼は、このような目に見えるビジネス効果とともに、宝塚歌劇の「世界観」醸成、深化に直結する「価値共創」の場であることも改めて強調せねばならない。

宝塚大劇場への聖地巡礼の特徴は、公演チケットを持たないファンも集結し、また、稽古中の組のファンも混在するという、非常に「密度が高く」「多様な」コミュニティが「通年で」展開されることにある。

そのコミュニティに対して、「創って作って売る」垂直統合システムを持つ興行主催者である阪急が、あの手この手で情報発信し、消費を喚起する。一方で、ファンクラブを中心に、消費者側も積極的に阪急に対して、消費活動だけでなく、様々なコミュニケーションを通じて返信を行ってい

宝塚駅から劇場に向かう「花のみち」
写真：© KOICHI UENO/a.collectionRF/amanaimages

2020年6月にオープンした「宝塚ホテル」
写真：© KOICHI UENO/a.collectionRF/amanaimages

る。

　このような形で、「聖地」宝塚大劇場において「価値共創」が行われ、それが代々受け継がれていく（＝サイクル）ことで宝塚歌劇は１００年を超えて存続しているのである。

　そこでいかなる価値共創が行われているのか、といった聖地巡礼の実態は、ぜひ現地に赴いて体感していただきたい。まさに「百聞は一見に如かず」である。

　その際は、ただチケットを確保して公演を観劇するにとどめないでいただきたい。開演時間の約2時間程度前になるが、スターたちの楽屋入りと、それを見守るファンの姿をぜひご覧になることをお勧めしたい。

　また、宝塚大劇場がファンにとっての「聖地」になっている根拠は、宝塚大劇場の敷地内にとどまらない。電車で宝塚駅を降り、大劇場に向かうには「花のみち」を歩くことになる。

　それはまさしく「公道」なのであるが、大劇場に通じるこの「花のみち」に足を踏み入れた瞬間に、ファンたちのスイッチがタカラヅカモードに切り替わるのだそうだ。一方、終演後はここを過ぎると、日常モードに逆戻りしてしまうのではあるが。

　したがって、この「花のみち」とそれに連なるタカラヅカらしいお店の数々も、炭酸せんべいの売店もすべて、宝塚歌劇の「世界観」を構築する重要な役回りを担っていることが体感されよう。

　かつて、宝塚大劇場とは武庫川を挟んで反対側に存在した由緒ある「宝塚ホテル」が、２０２０

年6月に宝塚大劇場に隣接する土地に移転・オープンしたが、これも新しい「世界観」構築に大きく資するはずである。

宝塚市立
手塚治虫記念館

このように、公道である「花のみち」まで含めて、宝塚大劇場周辺はまさに宝塚歌劇の「聖地」となり、訪れるファンの心を捉えて離さない。その一角、大劇場から歩いて3分ほどの所に「宝塚市立手塚治虫記念館」がある。

手塚治虫。言わずと知れた日本を代表する漫画家である。彼は4歳から24歳までの約20年間、宝塚の地で生活していた。母親の影響で宝塚歌劇に興味を抱き、宝塚歌劇の機関誌に漫画を描いた時期もある。

宝塚歌劇でも「ブラック・ジャック」「火の鳥」という2本の手塚作品が上演され、話題となった。これも含め、館内には手塚作品の原稿、写真、キャラクターと手塚ワールド一色の趣だ。

手塚治虫記念館は、手塚の没後5年にあたる１９９４年にオープンしたが、一言で言うと手塚ほどの大漫画家を記念する施設にしては、話題に上ることが少ない。目立たないのだ。

実際に、同記念館の年間入場者数は、開業初年度には50万人を超えていたが、ここ数年は10万人を切る状態が続き、市民の間からも存続の是非を問う声が上がっていると漏れ聞く。

宝塚市立であり、立地も大劇場至近で、しかも歌劇とは浅からぬ縁の持ち主だ。宝塚大劇場に集う顧客の来場を大いに期待してのことであろうが、数字を見る限り、その効果を十分に取り込めてはいないようである。

おそらくは、宝塚歌劇という強すぎるブランドの「拡張」に安易に乗ろうとすると、逆にブランドを支持するコミュニティに忌避されるということではなかろうか。

先述したように、大劇場を訪れる顧客の滞在時間は、上演時間だけでも3時間と比較的長い。垂直統合システムのもたらす恩恵を最大限に取り込むため、阪急は、大劇場施設内で顧客の購買行動のすべてを完結するビジネスモデルを構築、実現している。

このように、時間軸、経験軸いずれも、阪急の提供する要素によって、宝塚歌劇の「世界観」を体験することを消費の主目的にしている聖地巡礼者にとって、たとえ高名な漫画家を顕彰する施設であろうと、その「世界観」にそぐわないものは消費対象にはなりえないことを手塚治虫記念館は証明しているのではないだろうか。

さらに、歌劇という要素を除いても、公立の文化施設であるがゆえに、宝塚という地域の活性化につなげるという大義名分と、漫画という最も大衆的な文化、しかも現在は宝塚市と大した関係性がないコンテンツに公金を投入することの是非というバランスを取ることの難しさが重なってくる。

つまり、現在の宝塚市立手塚治虫記念館は、宝塚歌劇の顧客とも、地域住民とも「価値共創」がなされていないのである。

地域活性化の切り札的存在としての「聖地巡礼」も、すでに当地に存在するブランドが強すぎる場合、さしたる投資をすることなく、そのブランドからの利益配分にあずかることができると考える相乗り発想は、この事例を見る限り短慮に過ぎないことを証明している。

聖地「宝塚大劇場」だけじゃない地方公演の秘密

宝塚歌劇興行は、宝塚大劇場→東京宝塚劇場という流れの基幹公演のほか、梅田芸術劇場、ＴＢＳ赤坂ＡＣＴシアター、東急シアターオーブ、ＫＡＡＴ神奈川芸術劇場といった大阪、東京、横浜という都心部での公演が中心となっている。

それ以外の地方部での公演は、現在は2月に開催されている福岡の博多座公演と、基本的に年に3回実施される「全国ツアー」となる。この地方公演の特色は、宝塚歌劇の興行主催者である阪急電鉄が、各地の興行主に「販売」している点にある。

宝塚歌劇興行の特徴は、東西の基幹公演をはじめ、大部分の興行を阪急が自主興行として実施することにある。つまり、阪急が自ら興行リスクを背負って大部分の興行を実施しているのだ。

宝塚歌劇の作品は、「創って（作品企画制作…宝塚歌劇団）作って（大道具、衣装等の製作…株式会社宝塚舞台）売る（販売促進、劇場経営…阪急電鉄株式会社）」という一気通貫の垂直統合モデルにて、ほぼすべて阪急グループ内で完結しており、マイケル・ポーターの競争戦略論に示されたコストダウン、技術蓄積、高い参入障壁の三つの特徴を宝塚歌劇のビジネスモデルは実現している。

宝塚歌劇経営では、自主興行に伴う様々なリスクのヘッジをこのビジネスモデルで担保することにより、極めて利益率の高い興行成績を安定して実現しているのである。

さて、博多座公演、全国ツアーといった地方公演は、阪急の自主興行ではなく（厳密に言えば、全国ツアーのうち、梅田芸術劇場公演等一部の公演は阪急の主催興行であるが）、前者は博多座、後者は全国各地の興行主に対して、阪急から各々決められた「定額」にて販売されているところが特徴的だ。

つまり、地方公演について阪急の事業リスクは、主催興行に比べて格段に低いということになり、宝塚歌劇興行全体の中では、安定剤的な位置づけとなる。

したがって、地方公演での上演演目に高コストになる新作があてられることは基本的にあり得ない。過去に宝塚大劇場→東京宝塚劇場公演等、阪急の主催興行で上演された演目の「再演」となるケースが圧倒的に多くなるのだ。

つまり、地方公演の大きな興行上の位置づけは、ロングラン公演が実質的に不可能な宝塚大劇場→東京宝塚劇場公演の「疑似ロングラン化」＝利益率アップと見なすことが可能となる。

では、なぜ宝塚歌劇ファンはこの地方公演にも殺到するのであろうか？

地方興行に人が殺到する訳

演目としては基本的に、直近に上演された宝塚大劇場→東京宝塚劇場公演と同一であるにもかかわらず人が殺到する。

宝塚大劇場→東京宝塚劇場公演は基本的に、上演する「組」の構成員全員が出演する（コロナ禍の影響で、現状はこの限りでない）が、地方公演の場合は、いわゆるその裏番組として宝塚バウホール公演等が配され、組が二分されることになる。

したがって演目は同じでも、「配役」が大きく変化することになり、特定の「男役」（生徒）個人を応援しているのが大多数である宝塚歌劇ファンにとって、その配役は大きな関心事となる。

ファンが応援する生徒の序列が、組を二分することの影響で上昇する……セリフがある・増える、歌がある、ダンス等の見せ場がある、トップスターとの絡みが演出上発生する……ならば、ファンにとっては「絶好の推し時」となるのは必然だ。

このような推し時は二度と訪れることがないかもしれず、ファンはその生徒を追って全国各地を旅することになる。

加えて、このように一次商品の組成内容が異なれば、当然、公演パンフレットや扮装写真《ブロマイド》、グッズ類、公演記録DVDといった二次商品、三次商品群も大きくリニューアルされる。当然、コレクション欠落を回避すべく、当該ファンはそれらの商品をこぞって購入することとなるのだ。

このように地方公演は、その地域に住み、なかなか本拠地である宝塚や東京に出向けない顧客だけでなく、東京や大阪などといった都市部からも観光旅行を兼ねて「遠征」するディープなファンも相当数含まれることになる。

したがって、ここでも熾烈なチケット争奪戦が繰り広げられることとなり、各地の興行主にとっても、宝塚歌劇地方公演はぜひとも上演したい人気演目であることが十分認識できるであろう。

宝塚歌劇経営において、地方公演は目立たない存在ではあるが、重要なチャネルであることがご理解いただけたことと思う。

特別な流通チャネル「ディナーショー」

宝塚歌劇経営の基本は「宝塚大劇場→東京宝塚劇場」の基幹公演であり、これらをベースとして、宝塚歌劇「興行」の最大の特徴であり、興行界にあっては不利な条件となる「ロングラン」をしないという与件を克服するために、地方興行、多彩なグッズ販売等のすべてのチャネルマネジメントが存在する。

では引き続き、その他の主な流通チャネルについて検討を進めてみたい。

まず、ディナーショーであるが、「公演」メインの歌劇スケジュール策定の中、ファンにとってそれは非常に貴重な存在である。退団を控えたトップスターによる「ファン（クラブ）への感謝」といった位置づけのイベントとなる場合が大半を占めるからだ。

したがって、そのチケット争奪戦は「身内」での激しさがより一層際立つ。まさに再現性がない、ファンにとっては一度きりの経験価値をもたらすものであり、コレクションの必須アイテムになるのだ。

ディナーショーのもう一つの特徴は、ホテル阪急インターナショナル、宝塚ホテル、第一ホテル東京といった阪急グループに属するホテルの強力な販売促進策となっている点だ。

宝塚歌劇のディナーショーは現役の場合、ごく一部の例外を除いて阪急系列のホテルが主催する。上記のように、チケット争奪戦が激しくなるということは、裏を返せば主催者側には販売促進コストが極小になる、すなわち利益率の高い優良イベントとなるのだ。

2020年6月に移転した宝塚ホテルでは、より一層ディナーショーをはじめとする宝塚OGを含めた宝塚歌劇関連のイベントに注力する。それは、「聖地」宝塚大劇場隣接地という立地への移転に伴う、ホテルブランド再構築の最有力のツールとなるためだ。

ディナーショー開催で宝塚歌劇チャネルマネジメントの一翼を担うことで、コロナ禍で苦戦する周囲の宿泊施設との差別化にもつながることも併せて、ホテルの販売促進政策上も重要な位置づけとなっている。

ファンクラブが主催する「お茶会」

ディナーショーについて触れたので、ここで類似するイベント形態である「お茶会」について書いておきたい。

「お茶会」とは、宝塚歌劇のファンクラブが「主催」するファンクラブのインナーイベントである。文字通り、応援するスターを囲んでファン同士が交流を深めるティーパーティーである。

我が国の芸能界でも、夢の対象であるスターとファンが交流する「ファンの集い」は活発に実施されている。その根拠は、言うまでもなく主催者にとって利益率が非常に高く、かつCSをさらに高め、ファンをキープする優良事業であるからだ。

一世を風靡したAKBビジネスの代表格である「握手会」も、形を変えた「ファンの集い」で、その参加チケットが実はCD購入に直結という、より一層ブラッシュアップされた収益事業なのであった。

宝塚歌劇経営における、歌劇を通じた阪急グループのブランド拡張戦略として、ディナーショーの有効性を論じたところであるが、敷衍して考えると、この「お茶会」もスターが宝塚歌劇団に所属している以上、阪急主催事業として実施すれば、より戦略的経営に資するはずなのであるが。

実際、「お茶会」の主催はファンクラブであるから、会場も宝塚ホテル等の阪急系列ホテルに限定されることなく、ファンクラブが自由に決めている。

なぜ阪急は、利益率が高い優良イベントの実施機会をみすみす逃しているのであろうか？

その根拠は、歌劇団とファンクラブの「持ちつ持たれつ」の関係性すなわち、阪急のマネジメントの一環として「敢えて」ファンクラブの仕切りとさせているのである（管理コストの外部化）。

宝塚歌劇「スター」のマネジメントの一大特徴は、オンとオフを明確に切り分けているところである。オンは歌劇団、一方で劇場を一歩出ると、その仕切りは基本的にファンクラブが担うという、興行界ではとても珍しいスタイルを採用しているのである。

既述の通り、一般的に芸能事務所では、スターにはマネージャーが付いていて、オフも含めたスケジュール管理、危機管理を行うのが通常のスタイルであるが、宝塚歌劇の場合、そのような業務を担当するマネージャーは存在しない。

これが宝塚歌劇経営に主として二つの大きなメリットを与えている。

一つは、管理コストが大幅に削減できる点である。これは容易に理解できるであろう。ポイントはもう一つのメリットである。

それは、オフのマネジメントをファンクラブへ外部化することで、ファンクラブ自身の宝塚歌劇に対する満足度が格段に向上するのである。

顧客がファンクラブに加入する意図は、あこがれのスターにより接近することによって得られるより深い「世界観」の獲得である。その最も深い状況が、オフのマネジメントを担うことにある。阪急がファンクラブにオフのマネジメントを外部化するのは、このような満足度の向上にとどまらず、その延長線上に「コストを最小化してのチケット販売」というより大きなマネジメント目標の達成が存在している。

ファンクラブは、スターのオフのマネジメントを仕切ることの対価として、阪急側から真っ先に公演チケットの有利な配分を受けることができるという構造だ。

つまり、スターのマネジメントをオンとオフで切り替える阪急の戦術は、顧客満足度の向上、チケットの最も効率的な販売、そして危機管理全般とつながる壮大な経営戦略の実現に、収益面、コスト面の双方で大きく寄与しているのである。

宝塚歌劇経営においては、ディナーショーとお茶会は形態こそ近似しているが、その戦略的位置づけは全く違うものと認識していただきたい。

タカラヅカ・スカイ・ステージ

「タカラヅカ・スカイ・ステージ（TAKARAZUKA SKY STAGE）」は、2002年から放送を開始した宝塚歌劇専門の衛星放送チャンネルであり、舞台中継やメイキング、最新ニュース等の主としてオリジナル番組を配信している（他にも映像系としては、流行の「ライブビューイング」事業にも参画している。詳細は『タカラヅカの謎』参照）。

専門チャンネルを自ら所有して配信している根拠は、宝塚歌劇の一次商品（ライブの公演）には公演回数、提供座席数に上限があり、かつ、宝塚大劇場↓東京宝塚劇場公演が中心の興行スタイルゆえ、地方部を一次商品でカバーすることが困難であるためだ。

事実上、現行以上に公演数を増やすことは困難で、将来的にこの課題を解決する見込みが立たない中、いわゆる「ワンソフト・マルチユース」による利益率向上期待と、地方顧客の満足度維持、新規顧客開拓に資するというタカラヅカ・スカイ・ステージのマーケティング上の重要な位置づけは不変である。

そしてもちろん、宝塚歌劇ファンのニーズに応えるという戦略上の位置づけも当然存在するが、一方で番組制作の方向性を誤った場合、反転して宝塚歌劇経営のリスクとなる可能性も存在している。

宝塚歌劇の差別化要因は、「虚構」としての「男役」である。虚構（本来、この世に存在しない）であるがゆえに、女性ファンの妄想を無限に展開させ、その期待に応えることが宝塚歌劇経営の根幹にあることはすでに説明した通りだ。

現役の男役スターは、基本的に宝塚歌劇以外の仕事を受けることはなく、その神秘性に拍車をかけている。

このようなマネジメント環境のもと、タカラヅカ・スカイ・ステージの番組制作上、売りの一つとなる「メイキング」、特に出演者座談会なるものが問題なのである。

そこでは、どうしても「普段着の」スターが画面を通してファンの前に現れることになる。舞台メイクを落とし、台詞ではなく普通の会話をする……当たり前であるが、妄想対象の「男役」とは正反対の「現実」に直面せざるを得ない。

宝塚歌劇経営的には、一次商品である（ロングランできない）宝塚大劇場→東京宝塚劇場公演の投資回収→利益率向上に資するワンソフト・マルチユース戦略の一環として、タカラヅカ・スカイ・ステージが重要なポジションを担っているのは確かである。

ただし、その演出上、男役の虚構を崩さない点と、一般のファンが「恐る恐る覗いてみたい」スターの日常双方の、うまくバランスを取った番組制作を引き続き継続させていくことが肝要である。

そう、女心は微妙なのであるから。

キーポイントは「コレクション化」

ブランド、チャネルマネジメントを含むマーケティング論を俯瞰しながら、宝塚歌劇経営から導出される経営戦略について多角的に分析してきたが、そのまとめとして、あまねく一般化可能なキーポイントについて述べてみたい。

そのキーワードは「コレクション化」である。特に女性をターゲットとしている製品・サービスを手掛ける方々には大いに参考となるはずだ。

企業経営戦略、特にマーケティング戦略の最大の目標は、顧客との関係性構築・維持を通じたＬＴＶの達成である。

コスト分析の節でも指摘したが、新規顧客開拓コストは、既存顧客維持コストに比して約5倍かかると言われているように、一人一人の顧客の望む価値を実現することを通じて得られる顧客満足をいかに継続させていくかに全力を挙げるべきだ。

そのために必要な条件は何か？　それが顧客との「価値共創」を戦略に埋め込み、実施することであり、それをより有効な戦略とするため、必要条件として可能な限りの「垂直統合システム」導入を目指すべきである。

今般のコロナ禍で、世界中に最適に分散化されたはずのバリューチェーンのごく一部が寸断されただけで、完成品供給に支障を来す状況を見れば、その範囲をできるだけ狭めること、すなわちより垂直統合に近いシステムを取ることが見直されるべきであろう。

顧客の目まぐるしく変化する「価値」感を効率的に顕在化するには、自社にできる限りの経営資源、ノウハウを保持することがより効果的なことは自明であろう。ただし、垂直統合システムの中身や、カバーする範囲は業界によって様々である。

そして、自社の経営資源ではカバーできない部分の他企業との提携は当然、選択肢としてはあり得る。

他社との差別化要因や、顧客にとって最重要な価値を担う部分を自社でクローズし、それ以外の部分は最適な委託先を活用する「オープン＆クローズ戦略」を十分に活用すべきである。

垂直統合というビジネスシステムのメリットを最大限に活かし、顧客と価値共創しながら、彼らのＬＴＶを最大化する……これが今後の企業経営戦略の要の位置を占めるであろう。

そして、このような戦略を具体的な戦術に落とし込むと、「コレクション化」が有益な戦術として浮かび上がる。各顧客のＬＴＶ達成のお手伝いをすることは、すなわち長期的な関係を構築することにほかならない。

マーケティング戦略における「カスタマー・ジャーニー・マップ」を顧客と共に描き、それに沿う形でカスタマイズされた「物語消費」へいざなう。顧客はネットとリアル（店舗）との間を行きつ戻りつしながら、経験、体験自体＝プロセスを楽しむ。

その経験、体験プロセスに「沿う」形で「製品」「サービス」を随時、的確に投入していくのが「コレクション化」のイメージである。つまり、「プロセスメイキング」が先行して、「製品」「サービス」がそれに追随するのが大きな特徴となる。

このプロセス消費を、宝塚歌劇経営に当てはめて考えてみると、以下のようなイメージになる。

宝塚歌劇のファンは、応援する生徒が概ね入団して間もない頃から「伴走」プロセスを開始する。すでに円熟して人気も実力も伴ったスターに「後発参入」すれば、伴走プロセスの期間は相対的に短期間で終わり、かつファン同士の競争も激しいレッドオーシャンに突入することとなる。

彼女たちにとっての「男役」（「虚構」）としての理想像には程遠い状態から伴走をスタートし、舞台経験を重ねるとともに、徐々にそれは理想形に近づいていく。

彼女たちの消費スタイルも、当初は「大劇場」観劇チケットへの投資がメインであるが、カスタマージャーニー進行とともにスター性を帯びてくると、徐々に興行主催者側から、観劇回数増加だけでなく、宝塚バウホール等のその他公演チケット、各種グッズといった商品・サービス購入のプレッシャーがかけられることとなる。

消費に関するプレッシャーは、阪急からだけではない。所属するファンクラブからも同様にもたらされることとなる。チケット捌きだけでなく、ファンクラブ独自に作成、販売される「商品」「サービス（「お茶会」もここに含まれる）」の消費によって、ファンクラブの存続を図らねばならないゆえである。

この文脈で捉えると、ファンクラブも阪急の「垂直統合システム」の一翼を担う運命共同体であることがよりよく理解できるであろう。

このように、宝塚歌劇経営においては、顧客のカスタマー・ジャーニー・マップに沿う形でメイキングされたプロセスに、阪急の「垂直統合システム」、そしてファンクラブまで巻き込んだビジネスシステムから様々な商品、サービスが投入され、消費されるサイクルが生まれている。

それらは、未熟な「男役」から理想の「虚構」へと「男役10年」と言われるように、長いプロセスをかけての成熟への伴走に顧客が「価値」を置き、それを各種の消費を通じて「共創」し、その結果、彼女たちのＬＴＶを最大化するのだ。

このようなプロセス消費は、どのような業界であっても一般化可能であると考えられ、製品、サービス「自体」の品質や価格では差別化できない各社の経営環境を一変させる可能性を秘めているのではないかと考える。

そして、このような戦略を全うさせるために必要な戦術が「コレクション化」なのだ。

顧客との長期的で良好な関係性を構築し、そのＬＴＶを最大化するには、数多くの製品・サービス「群」が必要となる。顧客がたどるプロセスに付随してそれらは累積していく。累積することとはすなわち、企業側にとっては収益増、利益増が達成できている証となろう。

そして、我々人間は、商品であれ、サービスであれ、興味、関心を持ったものを「集める」性癖を持っている。戦国大名の「茶器」収集癖、プロ野球チップスやポケモンの「カード」等々、その対象は枚挙にいとまがない。

その性癖を活用するのが「コレクション化」という戦術なのだ。

宝塚歌劇のカスタマージャーニーでも、伴走対象の「男役」に関する上記のような多彩な商品、サービス群はすべてファンにとってのコレクション対象である。

地方公演の項でも指摘したが、同じ作品でも座組が変われば、それに付随する商品、サービスは当然、より貴重なコレクション対象となるのである。

ＳＮＳ全盛時代を生きる我々は、より一層他者の動向を（仕方なく）気にかけながら生きていかなくてはならない宿命にある。同じ趣味嗜好を持ったコミュニティなら、なお一層それに拍車がかかっている。

このような状況下、コミュニティの中での生存競争を生き抜くにおいて、大きなリスクとなるのが実はこの「コレクション」の欠如なのだと考えられる。

わかりやすく表現すれば、「あなた、それ、知らないの？　持ってないの？　行ったことないの？　食べたことないの？……」といったコミュニティ内での「デフォルトの欠如」が顕在化した場合である。

すなわち、コミュニティ内デフォルトこそ、生産者側から見ると「コレクション化」戦術の顕在化した姿なのであり、それが一つでも欠如する事態は、コミュニティ成員にとって避けなければならない非常事態と言うことができよう。

これが「コレクション化」戦術の持つ有効性なのだ。一つでも欠落するとそれは、経験価値を毀損することにつながるのだ。

さらに、コレクション化においては、顧客がカスタマージャーニーの中途でプロセスから離脱すると、そこまでに顧客が投入した金銭的、時間的、ストレス……その他もろもろの「サンクコスト」（埋没コスト）が発生するリスクが大きい。

プロセスが長期にわたれば、それだけサンクコストは大きくなるので、顧客にとってその心理的障壁は大きい。一方で、プロセスの後半になればなるほど、生産者側にとっては、数々の「経験効果」の累積により、投入する製品、サービスの利益率は向上しているはずである。

このように、企業経営戦略、特にマーケティング戦略の最大の目標が、顧客との関係性構築・維持を通じたＬＴＶの達成である限りにおいて、「コレクション化」という戦術は切っても切れないものであることが理解できよう。

宝塚歌劇経営は、その重要性と、それが一般化可能であることを我々に教えてくれるのである。

ポイント❶
Ｄ２Ｃというビジネスモデルは、情報の非対称性の重心を再び、**消費者側から生産者側に巻き戻す契機となり得る**

ポイント❷
「男役」（虚構）という商品の進化を、様々なチャネルにおけるファンとのインタラクティブなやり取りを交えて**模倣困難な「世界観」を醸成することが、宝塚歌劇のビジネスモデルの要諦**である

ポイント❸

顧客との高関与な価値共創を遂行可能なチャネルを構築できれば、**コスト削減とカスタマイズにより近い形での顧客満足度向上が同時に達成可能**である

ポイント❹

今流行の**「聖地巡礼」は価値共創の「場」であり、それをいかにビジネスに結びつけるかが課題**となっているが、その際、宝塚歌劇の実践モデルは大いに参考になる

第5章

宝塚歌劇団の組織設計

――小林一三の哲学が受け継がれる同族経営という強み

宝塚歌劇の生みの親

宝塚歌劇の生みの親は、阪急電鉄、東宝の創業者として知られる小林一三翁である。

小林一三翁の輝かしい履歴については、すでに数多くの書籍にて語られているので割愛するが、阪急東宝グループの創業者として実業界で名を成しただけでなく、政界にも進出して商工大臣にまでなった名伯楽だ。

岸信介元総理大臣との政争に勝利していれば、一国の宰相も夢ではなかったが、宝塚歌劇の草創期には失敗に失敗を重ねたエピソードも残っている。

そんな小林一三翁の経営哲学を支えた「卓見」とは一体なんだろうか？

第4章までで述べてきたように、今後のマーケティング戦略の鍵となる概念「世界観」「価値共創」「プロセス消費」について、その概要及び一般化が可能であることはご理解いただけたことと思う。

本章では、顧客との価値共創を通じたプロセス消費構造を構築し、宝塚歌劇の世界観を敷衍させ、類いまれなるブルーオーシャンを導出した宝塚歌劇の創始者、小林一三翁の「卓見」について経営学的に考えてみたい。

資本主義と消費の関連性

本書に一貫して流れる私の思想は、資本主義の成熟に伴い、企業間競争の根本が品質・価格（完成品）からプロセス、世界観（未完成品）へとシフトしていくということである。

言い換えれば、イノベーションの矛先を品質からプロセスへとシフトすることが必要で、そのために欠かせないのが顧客との「価値共創」という考え方なのであった。

哲学者のマルクス・ガブリエルは、共著書『全体主義の克服』（集英社新書）にて資本主義と消費の関連性について的確な指摘をしている。本書の思想と通底しているので、本論に入る前に、そのエッセンスを示しておきたい。

ガブリエルらは、資本主義の正体は「差異」の消費、つまり「差異そのもの」にお金を支払わせるのだと指摘し、資本主義の成熟に伴って、その対象がモノからコトへと変遷したと的確な指摘をしている。

ただ、コト消費の内実は差異を「企業側が」「無理やり作り出して」パッケージ化して提供しているが、それはセレンディピティ（偶然性）に乏しく、もうすでに差異を（企業側が一方的に）創るにも限界がきていると言う。

そこでガブリエルは、新しい消費のあるべき姿として「倫理的消費」を提唱している。

その内容までここで踏み込むことはしないが、私が考えるに「倫理的消費」の手前には、コト（＝ゴール）消費の代替策として「プロセス消費」という概念が存在するのではないかと私は考えている。

すなわち、ゴールではなく、消費のプロセスに焦点を当てるべきなのだ。

本書での指摘に立ち返ると、宝塚歌劇の消費の現場においては、ファン一人一人が推す「男役」の成長プロセスはセレンディピティにあふれていて、ファンはプロセスそのものを消費しているのである。

そうすれば、企業側が無理やり差異を作り出すことをせずとも、「顧客側」が「自主的に」差異を創出し、そのパターンには限界がないという消費のユートピアを現出させることができるのではないか？

この文脈で語れば、「モノ」「コト」……すなわち商品、サービスは、そのプロセスに「付随」して消費されているに過ぎないとも言える。

これが宝塚歌劇経営を根本から支える「価値共創」という思想の内実なのであった。

イノベーションを起こす

さて、現下の一般的な企業経営を眺めると、やはり経営者の口からはイノベーションを起こさねば企業間競争を勝ち抜けないとの強い思いが滲み出ていることを感じるが、そもそもイノベーションとはどのように定義されていたのか？

イノベーションという言葉を経営学の世界に持ち込んだのは、J・A・シュムペーターであることに異論はあるまい。そして、シュムペーターの言うイノベーションを日本語訳したのが「新結合」である。この語意は一体何か？

先入観として、経営学の、競争理論としてのイノベーションには「新しい」「この世にない」といったイメージが不可避的に装飾され、それが我々に多大なるプレッシャーを与えることになっている。

しかしながら、シュムペーターの言うイノベーション＝「新結合」とは、新しいものを創造する

（できれば、それに越したことはないのであるが）よりもむしろ、「現状すでに存在する現象同士」を「新しく結合」するという意味合いが強い。

「結合」する事象並びに方法を「新しく」せよとシュムペーターは指摘しているのではないか？とすれば、我々に必要なのは「アナロジカル思考」すなわち類比の思考法であると言える。

アナロジカル思考とは、新規の課題に直面した際に、過去の知見並びに経験から類似した事象を引用して、その課題解決に活用することを指している。つまり、課題解決のために過去の事象と事象を「新しく」「結合」させるのである。

　その「結合」させる要素について、思考を一段深くして「結果」だけでなく新たに「プロセス」を、企業側の論理だけでなく（セレンディピティにあふれる）消費者側の論理を付加させれば、より競争力のある「新結合」＝イノベーションを創出できるはずだ。

　では、小林一三翁の宝塚歌劇事業創業時におけるイノベーション＝卓見とは何か？　何が競争力の源泉となり、今日の繁栄をもたらしているのか？

宝塚歌劇のイノベーションとは？

その答えは、すでに指摘しているように「男役」の発明に基盤を置く「世界観」の構築、顕在化であることに疑いはない。

この女性が男性を演じる「男役」たるもの、それまでの世界には存在しなかった新しい事象であることは疑いない。これぞ革新、イノベーションであると捉えることは十分可能である。

しかしながら、小林一三翁本人の回想をイノベーションを軸に読み解いていくと、「男役」を生み出した背景に一三翁のアナロジカル思考が働いていることが明確に見て取れる。すなわち、参考となる前例が存在したのだ。

それは、「三越少年音楽隊」である。三越呉服店（現・三越）が販売促進策として導入した「少年」音楽隊に一三翁は着目した。私は、その着想のそもそもの原因は、少年音楽隊の位置づけにあると考える。

三越の本業は言わずもがなの「物販」である。ゆえに、音楽隊はその活動自体では売上も利益も生まない存在である。しかし、他社との差別化戦略上並びに百貨店という非日常空間のエントランス機能という有意な存在理由がある。

では、宝塚歌劇はどうか？　その黎明期における阪急電鉄での位置づけは、本業である鉄道事業における通年にわたる旅客誘致への貢献である。現在の阪急宝塚線が競合する阪鶴鉄道の先行優位への対抗策といった位置づけが宝塚歌劇には存在したのだ。

三越少年音楽隊同様、宝塚歌劇それ自体で売上や利益を見込んでいたわけではない共通項に一三翁は着目、そこで彼の卓越したアナロジカル思考が発現した。それが宝塚歌劇「男役」誕生のきっかけなのではないか？

ゆえに、「男役」は全くの新発想ではなく、先発企業（阪鶴鉄道）との競合、阪急の中での事業の位置づけ、そして三越「少年」音楽隊という従来の経営環境を取り巻く諸要素が、一三翁のアナロジカル思考によって「新結合」して現出したのが宝塚歌劇なのである。

一三翁の回想によれば、三越が「少年」だから、宝塚は「少女」歌劇だと着想した……それが宝塚歌劇の誕生へとつながっているのである。

この逸話が示唆するところは、すでにおわかりの通り、一三翁とて全く新しい事象を発見したわけではなく、身近に存在した他企業の販売促進策を見て、阪急本体の既存の戦略並びに新規事業である宝塚歌劇の位置づけ等々と結びつけながら、アナロジカルに思考したという思考法の存在が、経営戦略策定上大きな位置を占めるという事実である。

そしてそれが少女歌劇という新ジャンルを導出したというプロセスは、むろん一般化が可能で、今後の経営戦略、マーケティング戦略を策定、実施するにあたって大きな示唆を与えてくれるということであろう。

やはり小林一三翁は傑出した経営者であり、イノベーターなのである。

作品制作と事業経営の分離

宝塚歌劇経営の大きな特色として、作品制作と事業経営が組織設計上、分離されていることが挙げられる。ただし、バリューチェーン上はいわゆる「垂直統合システム」が堅持されていて、両者は一体化している。

宝塚歌劇経営における「垂直統合システム」では、作品の企画（川上）から販売促進、劇場運営（川下）に至るまで、阪急グループ内で機能をほぼ完結させている。いわゆる「創って作って売る」一気通貫の合理的ビジネスシステムが存在しているのだ。

その詳細は先述したように、「創って」＝作品の企画制作を宝塚歌劇団が、「作って」＝大道具、小道具、衣装、照明・音響等の製作を阪急の子会社である株式会社宝塚舞台が、そして「売る」＝販売促進、劇場経営を阪急電鉄株式会社本体がそれぞれ受け持っている。

この垂直統合システムの長所は、外注比率が低く利益率が高いこと、グループ内で技術の蓄積がなされること、他者からの模倣を防止できることが挙げられるが、近年はグローバリゼーションの進展による技術の平準化、日本企業の高コスト化によって水平分業が優位となっていたのはご承知の通りだ。

しかし、このコロナ禍において、その様相が逆回転しつつある。リーマンショックと今般のコロナ禍の大きな違いは、全世界で企業活動が同時多発的にストップしている点にある。

そのため、グローバリゼーションの成熟とともに完成されたかに見えた水平分業システムは、サプライチェーンの重層的な断絶に見舞われ、これ以上のグローバリゼーションは危険と見なされ、再びブロック経済化へと舵を逆に切り直すべきとの機運が高まっている。

このように、コロナ危機対応によって再び見直されつつある垂直統合システムであるが、コスト管理を中心とする経営戦略上のメリットのみならず、それを徹底することによって「差別化」や「ブランド」構築、強化に資することもよく知られている。

宝塚歌劇経営においては、その強固な基盤の存在を前提として、作品制作と事業経営を分離している。行政改革、民営化路線でおなじみの「上下分離」である。これも小林一三翁の知恵なのだ。

つまり、宝塚大劇場をはじめとする資産は阪急が所有し、経営計画も阪急が策定し、運用する。経営責任は阪急にあり、宝塚歌劇経営のそろばん勘定は、親会社である阪急阪神ホールディングス株式会社の株主総会で株主の判断を仰ぐこととなる。

しかしながら、宝塚歌劇の差別化要因、競争戦略の根幹である虚構としての「男役」のマネジメントを中心とする作品制作は、阪急でなく宝塚歌劇団に委託されており、理事長をはじめとする経営幹部は阪急から送り込まれ、経営がなされている。

作品制作にかかわる「プロデューサー」も阪急から送り込まれるのだが、そのなすべきミッションは少々「プロデューサー」の一般的イメージとは異なる。それを次に見ていきたい。

歌劇団「プロデューサー」の役割

宝塚歌劇の作品制作上の大きな特徴として、制作の要となる「プロデューサー」の位置づけがある。

一般的な演劇作品の制作においては「作品ごと」にプロデューサーが存在し、作品を企画して必要な経営資源（ヒト・モノ・カネ）を自ら調達するのが常である。広く知られるブロードウェイミュージカルもこの手法で制作されるのが一般的だ。

ところが宝塚歌劇の場合は、このような手法は採らず、五つの組（花組・月組・雪組・星組・宙組）それぞれにプロデューサーが配属されるシステムを採用している。

宝塚歌劇で「組付きプロデューサー」制度が採用される理由は、宝塚歌劇の根幹を支える「スターシステム」との関係性にある。

すでに示した通り、宝塚歌劇を構成する五つの組にはそれぞれ男役・娘役の「トップスター」が存在し、宝塚歌劇の作品はその男役トップスターを軸に制作されていく。

また、宝塚歌劇のファンコミュニティもトップスターのそれを中心に構成されることになり、トップスターの下には「2番手スター」「3番手スター」というように明確な序列がつけられているのが大きな特徴となっている。

先述したブロードウェイのシステムでは作品ごとに役者の構成は変わるが、宝塚歌劇では組単位の「スターシステム」を取るので、入団、退団、組替え（異動）以外では基本的に同じメンバー構成で組ごとの作品が制作されていく。

宝塚歌劇の特徴である「スターシステム」と「ファンコミュニティ」を連動させ円滑に運営するためには、作品ごとのプロデューサー配置よりも「組付きプロデューサー」制度の方がより望ましいのである。なぜか？

宝塚歌劇の「プロデューサー」は、「垂直統合システム」によって「内部」のチームビルディングを稼働させるだけでなく、「自己関与性が強く、独自のサードプレイスを形成する」ファンコミュニティという「外部」との「内外統合」を演出していくという、作品制作にとどまらない独自の大きな役割を担っているからなのだ。

すなわち、組織設計の視点から俯瞰した宝塚歌劇経営の特色は、プロデューサーが中心となって、「垂直統合システム」「自主制作・主催興行」という作品制作構造並びに、役者（生徒）・スタッフの「専従・閉鎖的構造」がベースとして存在する。

そして、ファンコミュニティの美意識・世界観を「知り尽くした」彼らによる作品制作から発出される、スター個別に発生する無限のファンコミュニティ創造システムとの連関が、「内部」要因から「外部」要因へと「重層的に」「多角的に」「ダイナミックに」広がっていく点にあるのだ。

さらに、こうしてファンコミュニティに届けられた作品に対する彼らからのフィードバックをプロデューサーは的確に掴み取って、次の作品制作へつなげていく。

ゆえに、作品ごとのプロデューサー起用ではなく、組付きプロデューサー制度を宝塚歌劇は採用しているのである。

宝塚歌劇の強みとして、帰属性の高いファンの存在がクローズアップされるが、その背景には、ビジネスシステムとしての「垂直統合システム」と同期したファンコミュニティ運営を「間接的に」取り仕切る「組付きプロデューサー」の存在がある。

ファンコミュニティの持つ強力な「自己関与性」と、彼らと作品制作側との連携による「サードプレイス」の構築・運営が、現代の宝塚歌劇コミュニケーション戦略の要諦なのだ。

そして、それを深耕していく作業は無縁社会と言われる日本社会の閉塞状況を打破し、あらゆるコミュニティ創生、維持、発展につながっていく一般化理論形成の端緒になると考えられる。

「清く正しく美しく」そして「堅実に」

宝塚歌劇経営において、小林一三翁の教えが100年を超えて承継される根拠は、その経営理念にある。皆さんご存じの「清く正しく美しく」である。

「清く正しく美しく」は人口に膾炙しすぎていて、タカラジェンヌの「イメージ」として回収されてしまいがちではあるが、このメッセージは宝塚歌劇経営の根幹をなす重要なキーワードである。私が本書の中で展開してきた宝塚歌劇の経営学の神髄が、このメッセージに凝縮されているのである。宝塚歌劇経営の根幹は、すでに幾重にもご説明してきた通り、ファンコミュニティ（顧客）との信頼関係にある。

ビジネスシステムとしての「垂直統合システム」も、トップスターを頂点とする「スターシステム」も、チケット配分や劇場外におけるスターのマネジメント「委託」によるファンクラブとの共存関係も、すべては顧客との「信頼関係」に帰着するのである。

外部環境がいかに変化しようとも、変わることなく代々受け継がれるこのような仕組みを、生産者側（企業）と消費者側（ファン、顧客）が維持しながら絶え間なく「価値共創」しているのが宝塚歌劇の強さの秘密なのだ。

顧客との「価値共創」は、お互いの信頼関係なくして成立しないのは自明であろう。それを後世に末永く伝達する手段として小林一三翁が選択したのが「清く正しく美しく」というメッセージなのである。

したがって、これは世間で認識されているように、タカラジェンヌの存在価値を表出するメッセージであるだけではなく、宝塚歌劇経営の根幹を一言で表し、それを受け継がせるDNAの役割を果たしているのだ。

卒業しても「生徒」と呼ばれる訳

代々受け継がれる宝塚歌劇のDNAという視点で考えれば、宝塚歌劇団の現役生だけでなく、卒業したOGたちも等しく「生徒」と呼ばれる伝統にも大きな意味があると考えられる。

「生徒」という言葉から真っ先に連想されるのは「学校」であろう。宝塚歌劇団への入団条件が、宝塚音楽学校の卒業資格であったことを考えると、この音楽学校の存在感を改めて意識せざるを得ない。

音楽学校での2年間が、以降の活動のすべての原点であるという意識が、トップスターであろうと、退団しても未来永劫「生徒」と呼ばれ、本人たちもその意識を潜在的に持ち続ける根拠となるのだ。

そしてもう一点、宝塚歌劇の経営学的に「生徒」の意味を再認識する必要があるのは「ファン」との関係性であり、それを通じての「価値共創」による強力なブランド戦略である。

すでに指摘したように、宝塚歌劇の主要顧客は「女性」である。そして、宝塚歌劇の経営戦略の要点を一言で表現すれば、「シロウトの神格化」プロセスにおける顧客との「価値共創」にまつわる様々な事業展開なのであった。

そのプロセスは早ければ、推しの対象となる「生徒」が音楽学校在籍時からスタートしている。その時期から、将来のトップスター到達に至る10年超の長い道のりをファンは「価値共創」しながら「伴走」するのが宝塚歌劇の消費プロセスである。

その特徴は、ファン一人一人の伴走の仕方、すなわち「世界観」が異なる点にある。女性が男性を演じるという意味で、この世に本来存在しないはずの「虚構」に対して、顧客一人一人がまさに十人十色の消費パターンを見せるのである。

そして、もう一点、女性特有の心理がその個性的な「世界観」をブラッシュアップする。いわゆる「母性本能」である。女性ファンは、推しの「生徒」が舞台を通して成長していく「プロセスそのもの」をまるで本当の母親のごとく、母性本能で見守りながら感情移入し、様々な消費行動を繰り返していく。

それが他のエンターテイメントとの大きな違い、すなわち宝塚歌劇の差別化戦略となっている。したがって、顧客にとっては、そのスタート時期が早ければ早いほど「価値共創」のレベルが上がるとともに、ファンクラブ内での序列も上がる。

他にはないこのシステムによって、ファン自身も唯一無二感を味わうことが可能となり、それが長期にわたって「伝統」として承継されることにより、宝塚歌劇の強固な「ブランド」が構築、維持されているのである。

このように、卒業しても「生徒」と呼ばれることは、宝塚歌劇の経営学を考えるうえで大きな示唆を与え続けているのである。

組織論として考える「東京進出」

繰り返し述べているように宝塚歌劇の本拠地は、兵庫県宝塚市にある宝塚大劇場である。

我が国におけるショービジネスの本場はなんといっても東京であることに疑いはない。宝塚歌劇も当然、東京で「通年公演」を実施している。その舞台は、日比谷にある東京宝塚劇場だ。

宝塚大劇場は、宝塚歌劇事業の主催者である阪急電鉄株式会社が所有しているが、東京宝塚劇場は自社所有物件ではなく、東宝株式会社が所有しており、阪急が東宝から劇場を借りて宝塚歌劇公演を「主催」している。

さて、わざわざ「通年公演」「主催」と記したのには訳がある。

意外なことだが、宝塚歌劇はエンターテイメントの中心地東京で、その経営戦略上重要な「通年公演」並びに「主催」できていない時期が長く存在していたのである。

宝塚歌劇の創始者である小林一三翁は、当時、首都東京における娯楽の中心として君臨していた浅草を避けて、日比谷に一大娯楽街を形成した。

川端康成の小説に出てくるような、どこか猥雑な空気を含む（エロ・グロ・ナンセンスという表

日比谷にある「東京宝塚劇場」
写真：マリンプレスジャパン／アフロ

現もなされていた）、しかしながら当時のメインストリームであった大衆文化を避け、「ファミリー」で楽しめる、健全で明るい文化を定着させるために、日比谷の地に白羽の矢を立てた。

こういった一三翁の思想が、宝塚歌劇の経営理念「清く正しく美しく」に通底していることは理解いただけよう。

閉園してすでに20年近くの歳月を経たが、阪急もかつて宝塚大劇場に隣接する土地に「宝塚ファミリーランド」という遊園地兼動物園を経営していた。その名称にも、彼の思想が垣間見えたのである。

東京における宝塚歌劇の経営形態については、今現在は阪急電鉄が宝塚大劇場と同様に興行「主催」者であるが、過去を振り返れば長くその主催権は東宝が握っていた。

つまり阪急は「定額」で東宝に公演を「売却」し、

東宝の主催で宝塚歌劇東京公演は実施されていた時期が長かった。

興行における「主催権」の重要性については拙著（『元・宝塚総支配人が語る「タカラヅカ」の経営戦略』）をご参照いただきたいが、一言で言えば、仕組み次第で利益率を高める自由度を持つことができる点にある。

それは裏を返せば、失敗すれば赤字幅が拡大することは言うまでもない。

加えて、東京宝塚劇場という名称であるにもかかわらず、かつて宝塚歌劇は東京において「通年公演」ができていない時期が存在したのである。

現在は、宝塚歌劇の興行形態として宝塚大劇場での公演はすべて東京宝塚劇場へと受け継がれて公演されているが、かつては、大劇場で公演された作品が、東京で上演されないパターンも存在していた。

このような不利な状況を解消する契機が、20世紀も終わりに近づいた１９９０年代に入ってから到来したのである。興行主催者である阪急電鉄を取り巻く外部環境変化である。

阪急をはじめ、私鉄各社の経営を支えているのは、鉄道をはじめとする交通事業と、住宅分譲や駅ビル賃貸による不動産事業の２つの柱であるのが一般的だ。

しかしながら、我が国における「少子高齢化」「人口減少傾向」という長期的、不可避的トレンドにより、この二つの柱にはいずれ危機的状態が招来するのは目に見えている。

加えて、中曽根行革の総仕上げとして実施された国鉄の分割民営化によって、特に大都市圏の私鉄各社は、長期債務という重荷を下ろしたＪＲ各社との直接的競合にさらされる羽目となった。その中でも阪急は、主要路線である京都線、宝塚線、神戸線がいずれもＪＲ西日本と競合するため、最も国鉄分割民営化の影響を受けることになったのである。

それらに加えて、米国式会計基準に準じた情報開示要求の高まりと、株主主権の拡大によって、鉄道会社も事業カテゴリ単位の情報開示を求められる事態へと立ち至った。

これにより私鉄各社では、メインの業務である鉄道事業への「旅客誘致策」として、事業単体では赤字であるものの存続が許されてきたレジャー関係事業が続々と消えていくこととなった。

その代表的な事業として、プロ野球興行並びに球場経営と遊園地経営が挙げられる。大手の私鉄各社が、旅客誘致として数多く展開していた事業であるが、この外部環境変化により続々と消えていくこととなったのは周知の通りである。

阪急でも、プロ野球球団の「阪急ブレーブス」を１９８８年に売却、宝塚ファミリーランドは２００３年に閉園した。つい最近も、西武鉄道が所有していた「としまえん」が２０２０年８月末日をもって閉園したことは記憶に新しい。

そんな中で、同じカテゴリに分類されていた宝塚歌劇事業は幸い、生き残ることができたのだが、これを契機に宝塚歌劇事業もより筋肉質な経営体質に転換すべく、東京での事業経営の在り方にメスが入れられたのである。

老朽化した東京宝塚劇場が建て替えられ、リニューアルオープンする２００１年正月公演をめどに、阪急と東宝の間で協議が行われ、宝塚歌劇東京公演も宝塚大劇場公演と同様に、阪急電鉄の主催で、通年公演が実施されるようになったのである。

東宝に支払う劇場の賃貸料が高額であることは否めないが、やはり主催権を確保することのメリットは大きい。

東宝の意向に関係なく、阪急側の都合次第で公演が展開できる。それはすなわち、宝塚歌劇が誇るビジネスシステムである「垂直統合システム」のメリットが最大限に活かせる組織運営・事業経営が可能となることを意味するのだ。

主催権確保は当然、利益率の向上が最優先メリットとなるが、上記のような完成されたビジネスシステムを持つ組織にとっては、その対象範囲を広げることは、技術・ノウハウの蓄積にもつながり、隠れたメリットをもたらす可能性が高くなるのが一般的解釈である。

阪急と東宝は、同じ小林一三翁が創った組織ではあるが、資本的関係も人的関係性も薄い。東宝との関係は将来的にも微妙ではあるが、宝塚歌劇経営における組織論として見た場合、このような東京における主催権並びに通年公演の維持は引き続き重要な位置を占めていることに変わりはないのである。

宝塚歌劇「事業」の強さの源泉

経営学における組織論として宝塚歌劇事業を語るにおいて、避けて通れないのは、「なぜ阪急という堅実を旨とする鉄道会社が、浮き沈みの激しいエンターテイメント事業を手がけ、しかも１００年を超えて成長を続けているのか？」という疑問についてである。

私自身、かつて宝塚歌劇経営の一翼を担い、幸いなことにその川上から川下まで一気通貫のビジネスシステムのすべてを経験できたことを通じて、「なんとなく」その根拠についての仮説は持っていたが、それを学問的に検証することはできないでいた。

そんな環境下、２０１９年末に出版された、入山章栄氏による『世界標準の経営理論』（ダイヤモンド社）から、この仮説検証につながり得る知見を得ることができたので、それを同書から引用しながらご紹介したい。

私が目に留めたのは「エージェンシー理論」についての項である。

エージェンシー理論は、一言で言えば、取引が成立した「後に」組織で生じる様々な問題を取り上げ、そこで発生する「モラルハザード問題（＝エージェンシー問題）」のメカニズムとその対処法を説明するもので、事例としてよく取り上げられるのは保険ビジネスである。

多くのビジネス行為は、経済主体（プリンシパル）が特定行為を代理人（エージェント）に依頼して、代わりに行動してもらうものと捉えることができるが、その場合、モラルハザードが高まる条件が二つあるという。

一つ目は「目的・利害の不一致」と言われるもので、プリンシパルとエージェントの利害関係が乖離することを言う。

保険ビジネスにおいては、保険会社（プリンシパル）は加入者（エージェント）に注意深く運転して、事故を起こさないでほしいと考えるが、加入者は保険に加入したがゆえに注意深さが足りなくなることが該当する。

さらに保険会社は、加入者の日常行動を細かく把握できないため、両者の間で「情報の非対称性」が発生している。これが二つ目である。

企業活動におけるモラルハザード問題も、この「目的・利害の不一致」と「情報の非対称性」によって引き起こされ、エージェントがプリンシパルにとって不利益な行動を取りがちになるのだ。

このように考えれば、企業活動を支える企業組織には、一般論としてモラルハザード問題が数多く存在していると言える。プリンシパル＝エージェント問題の塊が企業組織なのだ。

わかりやすい事例で言えば、皆さんお悩みの「部下の管理・監督問題」が挙げられるであろう。

管理職（プリンシパル）は、部署の目標達成のために部下（エージェント）に懸命に働くことを依頼していると捉えることが可能であろう。

しかし、部下は出先でサボるなど、手を抜きたがるものである（利害の不一致）。一方で管理職は、その行動を逐一把握できるものではないであろう（情報の非対称性）。

このプリンシパル＝エージェント関係は、ランクを上げれば、相関関係が「プリンシパル」（管理職→経営者→株主）＝「エージェント」（部下→部長→経営者）と見なすことも可能であり、つまりは「企業は誰のものか？」という株式会社制度の本質に直結するものとなる。

究極は、プリンシパルである「株主」が、エージェントである「経営者」に「所有と経営の分離」の大義名分のもとに健全経営→絶えざる成長→高額の配当実現を「依頼」しているのだ。

この株主＝経営陣間のモラルハザードの解消を目的とするのがコーポレートガバナンスである。

このような仕組みが存在するにもかかわらず、我が国の企業経営においては、様々なモラルハザード問題が引き起こされ、それは報道されるだけでなく、人気テレビドラマの脚本の題材になっているのは承知の通りであろう。

数多く見られるのは、「プロパー社長」が内部昇進の延長線上で、例えば2年2期といった短い期間で経営を担った場合、リスク回避の強いインセンティブが働くと言われている。自分自身の短い任期を大過なく無難に終えたいというものだ。

一方、株主側は複数企業の株式をポートフォリオ運用しているであろうことから、一企業が損失を出しても、トータルで見た損失は限定的だ。一回のミスで首を切られるサラリーマン社長とは背景がそもそも違いすぎるのである。

ゆえに、株主側は経営陣にリスクを取って大胆な戦略を打ち、企業価値を高めてほしいと考えるであろう。そこに「目的・利害の不一致」が発生しているのである。

それがエスカレートすると企業スキャンダルとなる。経営陣が自らの報酬を上げるために粉飾決算を行うインセンティブとなるなどだ。

経営陣は当然、粉飾した業績を隠すが、株主は正確な企業業績をどうしても知りたい（目的・利害の不一致）。しかしながら、株主は経営陣が公表した業績が本当なのか、なかなか判断できない（情報の非対称性）のである。

このような、日本企業でありがちなエージェンシー問題を解決するために必要なのは、人間の倫理面・精神面に訴えるのではなく、この問題の根源である「目的・利害の不一致」「情報の非対称性」を解消する組織デザインとルールを作ることだと入山氏は主張している。

そして、そのための施策として挙げられているのが「モニタリング」と「インセンティブ」だと言う。

モニタリングは、プリンシパルがエージェントを監視する仕組みを採用して、「情報の非対称性」

を解消するもので、社外取締役の起用がこれに当たる。

一方、インセンティブは部下の管理に「ストックオプション」や「業績連動型報酬制度」を導入して、「目的・利害の不一致」の解消を狙うものだ。

しかしながら、入山氏は主として時間、手間、ストレスといった広義なものも含めた「コスト」が膨大にかかることから、先に挙げたエージェンシー問題の解決法の有効性に疑問を投げかけている。

それでは、日本企業が大なり小なり抱えているこの大きな課題＝エージェンシー問題を解決し、今後のビジネスの活性化につながる方策は一体何か？

その回答として、入山氏は「同族企業をうまく活用すること」を取り上げているのだ。

宝塚歌劇は小林家のもの

同族経営がエージェンシー問題の解決につながり、非同族経営よりも業績が高くなることは例えば、アメリカン大学のロナルド・アンダーソンらが２００３年に発表した論文等で実証されているとのことだ。

つまり、同族企業は創業家が大株主であって、そこから経営者が出るため「所有と経営の一致」が実現し、プリンシパルとエージェントが一枚岩であるから、「目的・利害の不一致」も「情報の非対称性」も存在しないことになる。

日本企業で見られる内部昇進のプロパー社長によるリスク回避的な策に取って代わって、解任リスクの少ない創業家出身の経営者は大胆な戦略が打ち出せ、実行できる。

そして、これが最大の注目点なのであるが、創業家には企業を自分の「家族」と認識する場合が多いという。とすれば、家族に対しては短期的な株価上昇よりも、長期的な永続的繁栄の方をより重視するのは当然であろう。

私は宝塚歌劇の仕事に携わっているとき、よく周囲から「宝塚歌劇は小林家のものだ」と聞かされた。それは阪急社内だけでなく、歌劇団スタッフはもちろん、長く宝塚歌劇を応援してくださっている顧客からも発せられるメッセージであった。

阪急電鉄の創業者は小林一三翁である。今も創業家出身の方が経営の一翼を担っている。

とはいえ現在、創業家は阪急電鉄「株式会社」の大株主ではない。宝塚歌劇事業を主催する阪急本体は決して先述した「同族経営」ではない。

しかしながら、「宝塚歌劇は小林家のもの」という言葉の重みに私は大きな価値を見出さざるを得ない。

株式保有といった実態はないものの、やはり１００年を超えて事業承継してきた背景には、精神的支柱としての小林一三翁の想いが脈々と流れているのではないか？

そして、この論考を通じて展開してきた、宝塚歌劇団の経営学の神髄はやはり顧客との価値共創なのであって、先に取り上げたように、顧客の中にも小林一三翁の残した唯一無二の財産を、阪急と共に承継していくこと＝価値共創こそ、宝塚歌劇の強さの源泉なのであろうと改めて強く感じる次第である。

小林一三イズムの承継

宝塚歌劇事業が１００年を超えて存続、成長している根拠を様々な切り口で論じてきたわけだが、やはり、小林一三翁の経営哲学を外部環境の変化に影響されることなく、代々承継してきたことが大きく影響していることは間違いない。

一三翁が「発明」した「男装の麗人＝男役」というオリジナリティ＝差別化要因を徹底的に磨き

上げることによって確固たる「ブランド」とし、個々のブランド（生徒）が成長、成熟するプロセスを顧客が伴走＝「価値共創」することによって「信頼」が醸成される。

　このビジネスモデルを担保する組織形態（ビジネスシステム）として「創って作って売る」＝「垂直統合システム」が生み出され、それぞれが経営責任の所在を明確化させながら、外部環境の変化に流されない「唯一無二」の存在を創り続ける。

　以上のような、小林一三翁の経営哲学並びに、顧客との信頼関係をベースにしたビジネスモデルを将来的にも承継すれば、競争に巻き込まれることなく、孤高の存在として「ブルーオーシャン」を引き続き謳歌することが可能なのではないだろうか。

ポイント❶

セレンディピティは、企業側が強引に差異を作り出すことをせずとも、「顧客側」が「自主的に」差異を創出させることができるため重視すべきである

ポイント❷

宝塚歌劇の哲学を後世に末永く伝達する手段として小林一三翁が選択したのが**「清く正しく美しく」というメッセージ**なのである

ポイント❸

日本企業が抱えているエージェンシー問題を解決し、**今後のビジネスの活性化につながる方策として「同族企業をうまく活用すること」が研究結果として提起されている**

ポイント❹

宝塚歌劇経営を担う阪急電鉄は同族経営ではないが、顧客も含めて**小林一三翁の残した唯一無二の財産を経営哲学の根幹として承継することが阪急の不変の経営戦略**である

第6章

宝塚歌劇団の生存戦略

――ウィズコロナ時代のエンタメビジネス

新型コロナウイルス感染症の衝撃

本書において、宝塚歌劇経営が浮き沈みの激しいエンターテイメントビジネスで１００年を超えて存続、成長してきた根拠についてご紹介してきた。

それを一言で言えば、「垂直統合システム」という確固たるビジネスシステムの存在と、ファンとの「価値共創」によって信頼を勝ち取り、それをトップスターの代替わりがあっても代々継承されるという伝統との合わせ技なのであった。

猛威を振るう新型コロナウイルスの特徴としては、感染力は過去のウイルスに比して強いものの、重症化リスクは比較的小さいこと等が挙げられている。

それが、特に我が国においては死亡率の低さになって表れているが、エンターテイメントビジネスにとって厄介なのは、ウイルスが目に見えないことと、感染していても発症に至らないケースが多々あるという点だ。

つまり、感染者が知らないうちにウイルスを他者にうつす可能性が高くなるということになり、しかも不可視化のために、いわゆる「３密」（密閉、密集、密接）回避が感染拡大抑止の必須条件となっている点が問題となるのである。

ワクチンの開発にはあと数年かかると言われており、また、その有効性の検証にもさらに時間がかかる。ということは、社会全体でこの「３密」回避の傾向は今後定着していくこととなろう。いわゆる「ニューノーマル」である。

この新しい生活様式の定着は、宝塚歌劇だけでなく、エンターテイメントビジネス全般にとてつもなく大きな影響を与える。

最後の章では、まさにコロナ禍の渦中にある現在（２０２０年10月）、ウィズコロナの時代に宝塚歌劇並びにエンターテイメントビジネス全般が、どのような絵姿を構想するべきなのかについて考えてみたい。

3密回避と宝塚らしさ

コロナ禍に見舞われた２０２０年度上半期、ほぼすべての宝塚歌劇公演が休演することとなった。その間には、新トップスターのお披露目公演、２０２０年3月に入団した第１０６期生の初舞台公演、ブロードウェイミュージカルの宝塚初演といった話題作が目白押しであったのだが。

そして、徐々に公演を再開しているものの、3密対策の実施は宝塚歌劇公演の風景を大きく変えてしまった。

宝塚大劇場及び東京宝塚劇場公演では、客席稼働数をフルキャパシティの約半数で再開し、他のエンターテイメント同様に、様子を見ながらキャパシティを広げる方向にあるものの、フルキャパシティ解禁の道のりは遠いと言わざるを得ない。

宝塚歌劇ファンは熱狂的と称され、通常公演を熱望しているのでは?と聞かれることが多いが、やはり相手が目に見えないウイルスである以上、熱心なファンであっても、感染対策が不十分であれば、観劇を回避する方々が一定割合出るのは致し方ないことだ。

また、作品制作上も、オーケストラの生演奏は復活せず、宝塚歌劇最大の売りの一つである、豪華絢爛な衣装を身にまとったスターたちが、所狭しと舞台を埋め尽くすショーの演出を変更せざるを得ない状況になっている。

宝塚大劇場公演は通常、芝居とショーの2本立てである。実際に再開後の舞台を見て、芝居では3密回避策の影響はさほど感じられないが、やはり「密」な状態が当たり前であったショーの演出は、いくら工夫を凝らしてもファンの目には「何かが違う」という違和感が残ってしまう。

演出への悪影響は、顧客に見えている舞台上だけではなく、舞台裏にも及ぶ。

宝塚歌劇の名物とも言える衣装の「早替わり」や迅速な舞台装置の転換は、裏方の人数に負うところが大きく、つまりは「密」が発生しているのである。
私は、この「何かが違う」というファン心理が何より怖いと感じている。
なぜなら、宝塚歌劇ファンが価値を置いているのは、芝居、ショーの質の良さもさることながら、伴走（応援）している生徒の舞台での振る舞い、演技、そして「これぞ宝塚歌劇」という差別化要因＝「世界観」であるからだ。

3密回避策の徹底により、裏方も含めこの「世界観」が失われていくことはつまり、差別化要因を消失することにつながり、応援するスターの退団を契機に、宝塚歌劇を離れる顧客の割合が増える可能性が捨てきれない。

宝塚歌劇経営においては、ディープなファンが、「ご贔屓」が退団すれば、次に新しい贔屓（若手）を発掘してファンを継続するという「再生産」の仕組みが機能していることが大きな強みとなっていることはすでに述べた。

ある一定程度の既存顧客が若手スターのファンになる「再生産」が機能すれば、企業経営にとって大きな比重を占める「新規顧客開拓コスト」が節約できるのである。

したがって、3密回避策の徹底により再開された公演形態並びに作品制作内容が、その「世界観」を毀損することは大きな痛手となるのは確実だ。

一度離れた顧客を取り戻すには、顧客維持コストの最低でも5倍以上はかかると言われている。ロングランしないことによるいわば逸失収益を、一部マネジメント機能のファンクラブへの外部化等の様々なコスト抑制策でカバーしてきた宝塚歌劇経営の根幹を揺るがせかねないのである。

このように、3密回避策を徹底することは興行継続に必須ではあるが、宝塚歌劇の存在意義を問われる事態を招来しかねないのである。

ビジネスモデルが完成されているがゆえのジレンマ

新型コロナウイルスというブラックスワン到来で、宝塚歌劇経営が陥っているのはまさに、ビジネスモデルが完成されているがゆえのジレンマというべきものである。

宝塚歌劇には、創って作って売る「垂直統合システム」、ファンとの「価値共創」、そして以下に挙げる様々な宝塚独特の「お約束」がある。

先述した、「密」が不可避な演出の数々、どんな作品であっても最後は26段の「大階段」を使っての華やかなパレードで締めくくる、ロングランしない興行スタイル、男役トップスターを頂点とするスターシステムと安定した代替わり等々。

このような「お約束」が宝塚歌劇の「世界観」を構築しており、それが顧客に信頼を与え、価値共創に積極的に参画してもらうことでトータルコストを削減する。これが宝塚歌劇の完成されたビジネスモデルなのだが。

コロナ禍の世間に目を転じると、現下のような非常時には、各企業ともなりふり構わず利益確保に走っている。

宝塚歌劇にも、利益を確保するのであれば、ロングラン公演に踏み切ることを手始めに、五つの組の中でも人気度によって一公演当たりの上演回数を調整する、そして相対的に安価と言われているチケット代の値上げ等の「即効薬」が存在する。

しかしながら、それらを実行して短期的には収益、利益が上がったとしても、様々なファンとの「お約束」を反故にすることとなり、中長期的には深刻なファン離れを誘発する＝経営危機的局面を迎えることは容易に想像できるところである。

これが、宝塚歌劇経営における完成されたビジネスモデルであるがゆえのジレンマなのである。

宝塚だけでなく一般的なエンタメビジネスに与える影響

以上は、宝塚歌劇経営に特有のリスクであったわけだが、3密回避の徹底により、エンターテイメントのビジネスモデル全般に大きな悪影響がもたらされることもご承知おき願いたい。宝塚歌劇だけの問題ではないのだ。

興行、特に宝塚歌劇のような演劇のビジネスモデルに象徴的な特徴は、コスト構造における「固定費比率の高さ」にある。

大道具、小道具、衣装、照明、音響といった舞台「製作」コストは、そのデザイン料も含めて、「上演回数に関係なく」必要となるコストだ。いわゆるイニシャルコストであって、この比率が高いのである。

宝塚歌劇がなぜ垂直統合システムを採用しているかというと、有名デザイナーや作曲家、そして製作作業においても、外注するとイニシャルコスト拡大に歯止めがかからないからである。

一方、日々の公演実施にかかるいわゆるランニングコストは、演劇制作の場合、相対的に比率が低い。

したがって、一般的にはロングラン公演というスタイルが演劇興行では採用されるのだ。イニシャルコスト分を総売上が超えてしまえば、あとは上演回数を重ねれば、売上に占める利益の割合は高くなるのである。

しかしながら、3密回避策によって劇場、ホールのフルキャパシティが制限されると、売上が大きく落ち込むのは必至だ。二次商品、三次商品があるといっても、やはり興行収入の主体はチケット収入である。

新しい生活様式に則った興行が継続すれば、チケット代の値上げをしない限りは、損益分岐点を超えるために必要な上演回数は大きく増えるばかりである。経費の削減は先述の通りはなはだ困難なのだ。

しかも宝塚歌劇は、そのビジネスモデル上、ロングラン公演はできない。かといって、ファンの「世界観」を崩壊させることにつながりかねない「間引き」（経費節減策）は取ることができない苦しい立ち位置にある。

このように、宝塚歌劇だけでなく、エンターテイメントビジネス全般に、新しい生活様式＝3密回避の徹底は、顧客の要望であり、感染抑止に必要最低限のことではあるが、エンターテイメントビジネスの継続に対して決定的な打撃を与えかねないのである。

ライブ配信は新規顧客を開拓する

ここで、コロナ禍の渦中において注目を集めている「ライブ配信」について考えてみたい。消費者の嗜好がストックから、再現性のない一期一会のフロー（「プロセス」）へと向かう傾向に従って、エンターテイメントビジネスにおいてもライブ配信の価値が再認識されていることは先述した。

このライブ配信は、ストックとフローのいわば「境界」にあるものと言え、「ニューノーマル」の掟である「3密回避」と、ファンの離脱防止の折衷案として位置づけられる。

ゆえに、確固たる収益事業としての成立が見通せず、見切り発車的になり、顧客からはいわゆる「投げ銭」で回収する方式が一般的になってきている。

いわば「苦肉の策」として導入された感のあるライブ配信であるが、ファンコミュニティとの絆、つながりを重視するエンターテイメントビジネスにおいては、本書におけるここまでの論述要旨から見ても、現状においては必須の要件であると言える。

また、このライブ配信は、エンターテイメントビジネスにおいて「新規顧客開拓」に資する可能性があることを指摘したい。本書でも取り上げた「セレンディピティ」が顕在化する機会となるのだ。

コロナ感染拡大の影響で、度重なる外出自粛要請、在宅勤務の定着をはじめとして、自宅で過ごす時間が長くなると、メディアに接する時間もコロナ前に比べて増加しているはずであろう。時間的な余裕が生まれる中で、ネット経由でアーティストの「ライブ配信」に触れる機会がコロナ前に比べて相対的に増える可能性が高くなるわけであり、しかも、コロナ禍が長時間、長期間に及ぶのであればなおさら「セレンディピティ」が発現する期待は高まる。

したがって、エンターテイメントビジネスにおいて「ライブ配信」の位置づけはより重要視されるべきであろう。

打開策はないのか？

3密回避徹底→新しい生活様式定着によって、エンターテイメントビジネス界は大きな打撃を受けることは必定である。かといって、手をこまねいていては経営として成立しないのは自明のことである。

では、その打開策は果たして存在するのだろうか？

それを、ほかでもない宝塚歌劇経営から導出してみたい。キーワードは「コミュニティビジネス」である。これはすでに第1章で触れていることだが、ウィズコロナの時代にその重要性が増すことを念頭に深掘りしていきたい。

ウィズコロナ時代における
コミュニティビジネス

第1章及び第2章で検討した、マーケティング戦略構築・実施についての宝塚歌劇経営からの示唆は、「顧客との価値共創→プロセス消費」の「サイクル化」が成功のカギを握るというものであった。

では、その仕組みをウィズコロナの時代にいかにして構築するか？　その考察の足掛かりは「コミュニティビジネス」という概念にある。この言葉もまた、人口に膾炙していて逆に定義が不明確になっているとは思うが、この危機的状況下で改めて検討する価値はある。

「コミュニティ」とは、古くは「居住地域や職業等による利害関係による紐帯」、そして最近では「インターネットでつながった、特定の趣味嗜好・話題を共有する仲間」といった定義がなされている。

前者は強い結びつきを、後者は緩い関係性を表現しているが、私の定義する今後のコミュニティとは、その中間を行くものである。

つまり、コミュニティで共創すべき「価値」は、顧客の置かれている「文脈」の中で安定せず、強くなったり弱くなったり、常に揺れ動いていると考えるべきなのである。さらにウィズコロナの局面では、その文脈自体がさらに流動的になると想定できる。

したがって、これからのコミュニティとは、安定性を求める方向ではなくむしろ「不安定性」を内包したものと捉え直し、それを有効に活用することを目指すべきだ。

コミュニティの定義にまつわる話題に続いて検討すべきは、そんなコミュニティの存在をいかにウィズコロナの時代に「ビジネスとして昇華」させるかという視点である。

ビジネス化するとはつまり、コミュニティを個ではなく「塊」として捉えることがその出発点となる。

個よりも「塊」の方が、ビジネス視点としては生産性が高まる。「塊」が大きくなるとネットワーク効果が働き、平均費用が削減されて利益率が高まることは製造業に限定されず一般的であるのは自明である。

では、個を「塊」とするには、どのような戦略が必要なのだろうか？

コロナ禍に見舞われるよりも前に、資本主義社会は成熟の段階を迎え、どんな商品世界においてもその「品質」で差別化することは、甚だしく困難な状況に置かれている。また、価格競争に陥れば、消耗戦により全員が敗者になることも歴史が証明している。

では、コミュニティビジネスにおける差別化要因とは一体何か？　その回答は、何度も登場している「世界観」である。

品質でも価格でもなく、その製品・サービスの有する「世界観」である。「コミュニティ」とは、その世界観を共有する「個」の集合体＝「塊」と認識すべきなのである。

では、その「世界観」の有する特色とは何か？

従来の産業社会で重視されていた品質や価格といった「価値」は、企業側から「提供」されていたものと言えよう。情報化社会の到来により、情報の非対称性の重心が顧客側に移動しても、「価値」は相変わらず企業側から「提案」されている。

「提供」とは、企業側から消費者側への一方通行状態であるが、「提案」には顧客側の意向の尊重という企業側の姿勢が内包されており、「価値共創」の萌芽のように見受けられる。しかしながら、あくまで運動の始点は企業側にある。

つまり、品質、価格といった要素は、取引完遂のためには「確定」させねばならないがゆえに、企業側がイニシアチブを取らざるを得ない。したがって、「個」が「コミュニティ」という「塊」になっても、消費者側の相対的な力は潜在的なままとなってしまう。

企業側も、すでに品質や価格といった企業側で決定のイニシアチブが握れる要素では、競合他社との差別化が困難となっているのは重々承知しており、それを超越する要素の存在を認知している。しかしながら、それを顕在化させることすなわち、完全なる消費者主権の確立は、企業の存立基盤を決定的に揺るがす事態となり看過できない。

ゆえに、企業側及び消費者側双方にとって、「情報の非対称性」の重心が中途半端な状態で膠着状態に陥っているのが現下の情勢なのである。

では、この膠着状態を脱するための方策とは一体何か？　それが「世界観」醸成のための顧客と企業の「価値共創」プロセス構築と、そのプロセス自体を消費させ、収益化につなげることにある。「品質、価格」「結果」という固定観念ではなく「世界観」「プロセス」という流動的な観念をウィズコロナの時代に重視しようというわけだ。

言い換えれば、我が国の高度経済成長、今の繁栄の土台を築いた「完成品」の概念をいったん傍らに置き、顧客との世界観という「価値共創」＝未完成を完成に近づけるプロセスに企業経営の重心を大胆に移すことを検討すべきなのである。

これが今後の、ウィズコロナ時代のコミュニティビジネス推進に関する重要な視座なのである。

ポイント❶

コロナ禍における「3密回避」徹底に対応した公演形態や作品制作内容（ファンとの「お約束」）の変更が、**宝塚歌劇の差別化要因＝「世界観」を毀損し、顧客離れを加速させるリスクがある**

ポイント❷

注目されている「ライブ配信」は、既存ファンとのつながりを保持する役割にとどまらず、「セレンディピティ」機会の拡大により、**新規顧客開拓に資する可能性もある重要な施策**である

ポイント❸

打開策のキーワードは「コミュニティビジネス」で、しかも「不安定性」を内包したものと捉え直すことである

ポイント❹

今こそ、「完成品」信仰を傍らに置き、**顧客との世界観という「価値共創」＝未完成を完成に近づける「プロセス」に企業経営の重心を大胆に移すべき**

おわりに

宝塚歌劇団の経営学について、マーケティングを中心に論じてきたわけではあるが、ご覧の通り、何かエンターテイメント特有の優れた、並外れた経営理論が採用されているわけでは決してない。

むしろ、コロナ禍に見舞われる前のグローバルビジネス全盛の時代には見向きもされなくなった感のある「垂直統合システム」をはじめとする、いわば「クローズド」なビジネスモデルが多数採用され続けているのがおわかりであろう。

ところが、新型コロナウイルス感染症というブラックスワンの到来によって、オープンでグローバルなバリューチェーンは多大なる被害を受けることとなり、今後はブロック経済化の再来へと反転するのではないかと論じられていることは周知の通りだ。

結果的に、数多くの企業経営が外部環境の変化に翻弄されているのである。

したがって、宝塚歌劇経営から一般化可能なポイントは、垂直統合システムやブルーオーシャン戦略のごとく、古くとも継続して研究されている理論を、自社の経営戦略に「アナロジカル」に当てはめるという意味での「新結合」（イノベーション）を、個々の経営で目指すべきであるということではなかろうか？

そう、イノベーションの焦点を品質からプロセスに移すように。

それが、外部環境変化に過度に惑わされずに事業を成長させていくポイントであることを、宝塚歌劇の経営は教えているのである。

参考文献

入山章栄『世界標準の経営理論』ダイヤモンド社、2019年
佐々木康裕『D2C——「世界観」と「テクノロジー」で勝つブランド戦略』ニューズピックス、2020年
森下信雄『元・宝塚総支配人が語る「タカラヅカ」の経営戦略』KADOKAWA、2015年
森下信雄『タカラヅカの謎』朝日新聞出版、2019年

【著者紹介】
森下信雄（もりした　のぶお）
阪南大学流通学部准教授。1963年、岡山県生まれ。86年、香川大学卒業後、阪急電鉄に入社。98年、宝塚歌劇団に出向。制作課長、星組プロデューサー、宝塚総支配人などを歴任。2011年、阪急電鉄を退職、関西大学等で講師を務める。18年、阪南大学流通学部専任講師、19年から現職。著書に『元・宝塚総支配人が語る「タカラヅカ」の経営戦略』（KADOKAWA）、『タカラヅカの謎』（朝日新聞出版）がある。

宝塚歌劇団の経営学

2021 年 3 月 4 日発行

著　者——森下信雄
発行者——駒橋憲一
発行所——東洋経済新報社
〒103-8345　東京都中央区日本橋本石町 1-2-1
電話＝東洋経済コールセンター　03(6386)1040
https://toyokeizai.net/

装　丁………橋爪朋世
D T P………キャップス
印　刷………図書印刷
編集担当……若林千秋
　Printed in Japan　ISBN 978-4-492-50326-3